¡Claro, y yo qué!

Los celos infantiles

COLECCIÓN ¿? PADRES

Autora: *Mª Victoria Tabera Galván*
Ilustraciones: *Mª Jesús Santos*
Diseño y Maquetación: *Esther Tapias García*

Publicado por:
Teleno Ediciones S.L.
Málaga, 7 - 2º Izq. - Madrid

Imprenta: *Dincolor*
ISBN: *84-931849-4-2*
Depósito Legal: *M-14142-2003*

¡Claro, y yo qué!

Los celos infantiles

Autora: **Mª Victoria Tabera Galván**
Ilustraciones: Mª Jesús Santos
Prólogo de: Carmen Santos Oca.

TELENO
Ediciones, S.L.

PRESENTACIÓN DE LOS LIBROS DE LA COLECCIÓN PADRES

Comenzamos esta presentación con una idea que orienta toda nuestra actividad profesional y los objetivos que pretendemos conseguir con esta colección: el Consejo Editorial y las autoras y autores de Teleno Ediciones reivindicamos el papel esencial, y no delegable, de los padres y las madres en la educación de sus hijos e hijas. Conociendo el esfuerzo que ello requiere, consideramos que los padres y las madres deben actuar directamente para conseguir que sus hijos e hijas se conviertan en personas autónomas, tolerantes, solidarias y felices. Y esto sólo se logra interviniendo desde los primeros años.

Creemos que esta tarea requiere ayuda y por eso en los libros de la Colección Padres tratamos aspectos relevantes del desarrollo y la evolución de los más pequeños (desde el nacimiento hasta los seis años), con reflexiones y orientaciones acera de cómo actuar ante las dificultades educativas en estas edades.

Ser padre o madre no es fácil. Criar y educar a los hijos supone mucho esfuerzo y con frecuencia crea mucha inseguridad. Para abordar esta responsabilidad disponemos de nuestra experiencia como hijos, a la que añadimos la formación personal adquirida a lo largo de la vida y la observación de lo que hacen otros padres. Pero, sin duda, de donde más vamos a aprender es de nuestra propia experiencia como padres y madres, en solitario o en pareja. Dada la importancia de la tarea, conviene completar este bagaje personal con el conocimiento de otras experiencias que obtendremos de nuestro entorno (otros padres y madres), de la escuela infantil, de los libros y, si llegara a ser necesario, de las orientaciones de especialistas en Educación Infantil.

Cuando las familias eran más extensas y la vida diaria transcurría en ambientes sociales más abiertos, las posibilidades de intercambio entre adultos y niños de diferentes edades eran mayores. Además, en el cuidado y la educación de los niños pequeños también tenían un papel importante los abuelos, los hermanos mayores, los tíos e incluso los vecinos. De alguna manera se podía compartir la responsabilidad de la educación de los hijos y había otros modelos educativos con los que comparar.

Ahora, y sobre todo en las grandes ciudades, no resulta tan fácil tener cerca otras familias y amigos con hijos pequeños con los que compartir nuestras preocupaciones y menos aún el cuidado de los niños. Lo habitual es que el número de hijos por familia se reduzca a uno o dos y que nuestros familiares y amigos vivan lejos.

Si a esto le añadimos el grado cada vez mayor de ocupación laboral del padre y de la madre y las exigencias del mundo en el que vivimos (para los adultos, trabajar más; para los niños y niñas, ocupar el tiempo libre en actividades diversas fuera de casa...), todo parece contribuir al aislamiento de los niños y al nuestro como padres.

Cada vez más, y a edades más tempranas de los niños, recurrimos a los centros de educación infantil en los que delegamos, en buena medida, el cuidado y la educación de nuestros hijos. Aunque en ellos tengan la oportunidad de relacionarse con otros niños y la posibilidad de disponer de experiencias adecuadas para su desarrollo, nadie va a ofrecerles lo que un padre o una madre puede darles. Por ello, debemos aprovechar el tiempo que podamos estar cada día con ellos para atender las tareas que nos corresponden y que nadie va a asumir por nosotros por muy cualificados que estén los profesionales y las personas que comparten la educación de nuestros hijos.

En muchas ocasiones no sabremos cómo actuar. No pasa nada por admitir la duda a incluso el desconocimiento para afrontar determinadas dificultades. Seguramente nos sentiremos con más recursos para resolver ciertas situaciones y más desvalidos ante otras. Los padres perfectos no existen: hacer unas cosas mejor que otras es parte del juego. Además, hay que asumir con naturalidad que no todos los días ni en todos los momentos vamos a ser capaces de hacer las cosas como nos gustaría hacerlas.

Los niños pequeños necesitan una práctica educativa equilibrada y no demasiado cambiante que les ayude a situarse y a anticipar las cosas que ocurren en la su vida. Sin embargo, la seguridad y la estabilidad no están reñidas con los pequeños cambios. También es importante saber adaptarse a las diferentes situaciones y probar diversas formas de hacer las cosas con ellos, sobre todo si las anteriores no han funcionado.

La mayoría de los padres y de las madres educamos a nuestros hijos e hijas haciendo uso del sentido común. Pero a veces es necesario completar esa pedagogía del sentido común con algunos conocimientos sobre cómo crecen y se desarrollan los niños y sobre cómo podemos ayudarlos en ese misterioso camino del crecimiento personal.

Poner en común nuestros problemas con otros padres nos va a permitir conocer que casi todos tenemos dificultades parecidas, por lo que, a menudo, los conocimientos y experiencias de otros nos pueden ayudar. En realidad no existe una única mejor manera de hacer las cosas cuando se trata de educar a los hijos. Ni todos los padres son iguales ni a todos los hijos se les puede tratar de la misma manera. Además, cada padre y cada madre tienen sus propios recursos y es cuestión de descubrirlos.

Qué verdad es aquello de que no todos estamos cortados por el mismo patrón. ¡Y qué alivio! No vale cortar el traje que necesita cada niño con un único patrón. Cada padre y cada madre tendrán que ponerle la medida que necesite a su hijo o a su hija.

Ni siquiera los expertos tienen la solución a todos los problemas. Estrategias educativas eficaces con determinados niños no lo son con otros, porque ni los niños son los mismos, ni lo es la manera de aplicarlas de cada padre y cada madre. No existen las soluciones mágicas cuando se trata de educar, pero esto no quiere decir que no se pueda aprender a hacer las cosas de otra manera. Y el mejor modo de hacerlo es poniendo en común las preocupaciones y las dudas con otras personas: la familia, el educador del centro infantil, otros padres, los amigos y los especialistas.

Leer libros para padres también puede ayudarnos a educar a nuestros hijos y a nuestras hijas. Los libros nos pueden aportar conocimientos sobre el desarrollo de los niños y de las niñas, nos pueden enseñar estrategias educativas y, lo más importante, pueden ayudarnos a reflexionar con otros adultos y en la pareja. En muchas ocasiones el éxito de una intervención con los niños depende del grado de acuerdo entre el padre y la madre.

La Colección Padres está pensada para apoyar y orientar en la costosa tarea de educar a los hijos y las hijas en los seis primeros años. Al recoger la experiencia de profesionales dedicados a la Educación Infantil, así como las aportaciones y testimonios de los propios padres y madres, pretende:

- Ayudar a identificar las dificultades comunes y propias en la educación de los niños y las niñas en los seis primeros años.

- Ofrecer experiencias, ideas y conocimientos que puedan contribuir a mejorar la intervención de los padres, especialmente en los momentos difíciles del desarrollo en estas edades.

- Proporcionar otros puntos de vista y otras maneras de actuar.

- Favorecer la reflexión y el acuerdo entre el padre y la madre.

- Propiciar el intercambio de ideas y experiencias con otros padres y madres.

Todo ello se consigue con un equilibrio adecuado entre el rigor técnico, y científico cuando es necesario, un lenguaje asequible y un desarrollo de cada libro que induce al lector a reflexionar sobre lo leído y la aplicación a su caso particular. Las autoras y los autores de esta colección son profesionales de la Educación Infantil con la experiencia acumulada de muchos años de trabajo con niños y niñas, a la que se suma la del Consejo Editorial de Teleno Ediciones, que garantiza la línea educativa de la colección.

PROLOGO

Como el prólogo forma parte del libro y éste va dirigido a los padres con el fin de ayudarles en su difícil cometido, yo quiero escribir estas palabras introductorias pensando en ellos también, porque ¿hay algo más complejo, más enrevesado, más sutil, más duradero que ser padre y madre? Creo que no.

Un hombre y una mujer se unen, deciden traer un hijo al mundo y todos suponemos que están preparados para ello. Y, quizá, lo más que han hecho es un cursillo prematrimonial y otro de preparación al parto.

Lo de menos sería traer un hijo al mundo, lo de más es que hay que enseñarle a vivir en él sin demasiados sinsabores. ¿Y qué herramientas debemos proporcionarle para que no se asuste ni demasiado pronto ni demasiado deprisa de la complejidad de la vida?

No se trata únicamente de poner en circulación unos conocimientos teóricos sobre la función padre/madre sino de poner toda la carne en el asador. Y nunca mejor dicho, porque si no hay obra humana que no lleve la impronta del hacedor, bien sea albañil, médico o artista, no es posible pensar en la tarea de crear un sujeto sin que lleve todas las marcas de los "fabricantes".

Aunque resulte una paradoja, educar no es una cuestión pedagógica. Se educa, mejor dicho, se forma, desde lo que los padres son. ¿Cómo, si no, transmitir a un niño que la vida, a pesar de todo, merece la pena vivirse si los padres son pesimistas o si, por diversas razones, pasan por una depresión? ¿Cómo entender el sufrimiento que los celos o la envidia producen, a veces con gran influencia en la vida emocional futura, si a los padres no les permitieron ni sentirlos ni expresarlos?

Amar a los hijos no es suficiente. La mejor manera de quererlos sería tratar de entender qué es un niño y ayudarlos desde ese lugar. Resulta curioso observar cómo los adultos nos hemos olvidado de nuestra infancia ¿por qué? Nosotros hemos tenido los mismos miedos, las mismas preguntas, la misma sorpresa, los mismos anhelos que tienen nuestros hijos.

Los padres, que siempre actúan de la mejor manera que saben, encontrarían muchas respuestas para esa compleja tarea de educar con sólo remover un poco en sus propios recuerdos. Se acortaría mucho el alejamiento que, a veces, hay entre generaciones. Han cambiado mucho las formas pero la condición humana no tanto. Les permitiría incluso divertirse con sus hijos, sintiéndose, por momentos, otra vez niños.

Procrear es hermoso; participar en la construcción de un sujeto que habla, piensa, actúa es una aventura apasionante ¿Y quién ha dicho que las aventuras sean fáciles?

Para transitar lo más adecuadamente por esta aventura, la autora trata en este libro, no de ofrecer un manual al que los padres puedan acudir para resolver cada momento de la evolución de su hijo, sino de sugerirles, a través de un tema concreto (los celos y la envidia en el niño), algunas pautas útiles para dar respuesta a situaciones problemáticas que plantean los niños.

A lo largo del libro, como de pasada, sin "sabios" y directos consejos, de lo que trata es de implicarles en el asunto. Sin que se note demasiado, nos muestra que si los niños sienten el aguijón de los celos, los padres también; que si los pequeños sufren por el abandono que viven ante un rival, los adultos también. Al fin y al cabo, el anhelo universal de todo ser humano, grande y pequeño, es ser todo para otro, es la exclusividad.

Así pues, a lo que nos invita el libro, implícitamente, es a ponernos en el lugar del otro, la mejor manera de entenderle y ayudarle. Aceptar esta sugerencia, realmente, puede ser una gran ayuda para los padres sin títulos ni licenciaturas de paternidad.

PONERSE EN EL LUGAR DE ALEX.

Carmen Santos Oca. Madrid, Febrero, 2003.

A mis hermanos.

Todo mi agradecimiento para *Ana Margarita Rosenvinge*, que me propuso este trabajo y me animó a realizarlo. Para *Carmen San Andrés, Carlos Minguito y Ana Álvarez* por su aliento durante el proceso y sus magníficas aportaciones. Para todos los amigos que me han ayudado de diferentes formas. Para los padres cuyas consultas e inquietudes me han permitido reflexioner tanto sobre el malestar de los niños y de los adultos.

ÍNDICE

Introducción:
Pablo va a tener una hermanita 21

Capítulo primero:
Celos, envidia y rivalidad 25

Capítulo segundo:
Manifestaciones de los celos infantiles 35

Capítulo tercero:
Preocupaciones más comunes de los padres 47

Capítulo cuarto:
El lugar que se ocupa entre los hermanos 61

Capítulo quinto:
Los hermanos gemelos 75

Capítulo sexto:
Actitudes de los padres ante los celos fraternos 87

Para terminar 95

Bibliografía 99

INTRODUCCIÓN

PABLO VA A TENER UNA HERMANITA

Pablo acaba de cumplir tres años. Hasta el momento no solamente es hijo único, sino que además ha sido el primer nieto tanto de su familia materna como de la paterna. Quizás estas circunstancias tengan alguna relación con el hecho de que su cuarto esté tan abarrotado de juguetes que casi no le dejan espacio a él.

Algunos de sus tíos, más jóvenes que sus padres, han disfrutado con él, por primera vez, de la presencia de un niño en la familia, por lo que quedarse a cuidarle o llevarle al parque han resultado experiencias novedosas y festivas.

En cuanto a sus abuelos, tienen ahora la posibilidad de revivir el tiempo en que sus hijos eran pequeños. Esta vez sin el peso de la responsabilidad que ellos tuvieron como padres.

Así las cosas, resulta normal que haya merecido el título de "Rey de la casa". Aunque este privilegio que disfrutaba de forma exclusiva venía marcado con una fecha de caducidad que está próxima a vencer, porque Pablo va a tener una hermanita.

Hace unos meses, cuando sus padres confirmaron la existencia de un nuevo embarazo, iban de un lado para otro compartiendo la noticia con familiares y amigos. Entre las felicitaciones y los besos alguien pregunta: "¿Lo sabe ya Pablito?" y con ella queda inaugurada toda una lista de interrogaciones que se precipitan en la cabeza de sus padres: "¿Cómo se lo decimos? ¿Entenderá lo que significa? y... ¿Si nos dice que por qué lo sabemos? o ¿Dónde está ahora la hermanita? ¿No será mejor esperar un poco...?

Finalmente se animan y le cuentan que dentro de un tiempo tendrá una hermana. Será estupendo porque podrá jugar con ella, dormir en la misma habitación, ayudar a bañarla... Que como él ya es mayor, tendrá que enseñarle muchas cosas, ayudar a mamá a cuidarla y sobre todo no dejar que le peguen otros niños.

Durante los meses siguientes no escucha otra cosa que las ventajas del acontecimiento y lo bien que lo pasará.

Llegado el momento los padres se van a la clínica y Pablo a casa de los abuelos. Nadie le dice cuantos días tiene que estar allí. Por la noche se acuerda de mamá y quiere que venga. "La vas a ver enseguida" le dicen tratando de calmarle "y, además, te va a traer al bebé".

Al volver a casa su mamá tiene a la niña en brazos, dentro de un momento le dará de comer y por eso ahora no tiene tiempo para jugar con Pablo. En los días sucesivos esta situación se repetirá con frecuencia porque cuando no es la hora de la toma, es la del baño, la del cambio de pañal o el día de llevarla a la consulta del pediatra.

La bebé es muy pequeña, está arrugada y casi siempre tiene los ojos cerrados. No habla, no sabe jugar. Sólo come y duerme. Además, cuando lo hace no se puede hacer ruido porque puede despertarse y llorar muchísimo.

Por unos días la casa se llena de gente que viene a ver a la recién nacida, por eso su papá también está muy ocupado. Algunas personas, aprovechando un momento en que creen que Pablo está distraído, preguntan "si tiene pelusa"??. Otros tienen con él una actitud afectada y poco natural que terminarán de confirmarle que tiene razones para sentirse preocupado, porque si le tratan de modo tan diferente a lo habitual será por algo.

Pablo se siente relegado. Todo por culpa de esta intrusa a la que, de momento, no encuentra ninguna gracia ni, mucho menos, le hace tan feliz como le habían asegurado sus papás. ¡Qué mentirosos!

¿Cómo ha conseguido esta usurpadora hacerse con todo en tan poco tiempo?... Una cosa tan pequeña!!! ¿Será por eso? ¿prefieren los papás a los bebés? o ¿a lo mejor les gusta más ella porque es una niña?

La llegada de su hermana le ha llenado la cabeza de preguntas: ¿de dónde ha venido? ¿de dónde vine yo? ¿Por qué ella no tiene colita?... Aunque él no sea consciente de ellas, están ahí produciendo malestar y cambiando su forma de comportarse en un intento de recuperar terreno perdido.

Lo que le está ocurriendo es real. Su situación en casa ha cambiado drásticamente. Ahora él ya no es el pequeñín. Ella le ha desbancado de ese lugar. Y eso es algo que no se puede vivir sin rabia y sin hostilidad.

El tiempo podrá ir colocando las cosas en su sitio pero por ahora mamá, papá y la niña están bajo sospecha de pertenecer al bando enemigo.

" A los ojos del niño, todo es injusto cuando no lo tiene todo" F. Doltó.

CAPÍTULO PRIMERO

Celos, envidia y rivalidad

Los celos son un sentimiento normal que todos experimentamos en mayor o menor grado, aunque no siempre podamos ser conscientes de ello. Quién no se ha sentido molesto alguna vez ante la complicidad manifiesta entre dos de sus amigos, o cuando su pareja hace con frecuencia comentarios halagadores de otra persona...

Todos los niños sienten también celos de sus hermanos, de sus compañeros, aun cuando no lo manifiesten abiertamente. Es un sentimiento natural que aparece como expresión de la gran necesidad que el niño tiene del afecto de los adultos más significativos para él, y de su temor a ser abandonado y sustituido por otro (para que esto se dé es necesaria por tanto la presencia de un tercero).

No obstante, aun cuando estos sentimientos sean universales, parece ser habitual la dificultad para poder reconocerlos en el niño o para reconocerse uno mismo siendo celoso, como si diese vergüenza o fuera reflejo de una debilidad que costase aceptar.

En todo caso, una vez asumido como un hecho, se puede comprender perfectamente que cuando el niño es presa de un sentir como este, ya sea por realidades objetivas o porque lo experimente así, esto le produzca un intenso malestar del que es difícil para él defenderse, y que, por supuesto, tendrá una repercusión directa en su comportamiento y en su estado de ánimo.

Intentemos hacer un recorrido evolutivo para entender más fácilmente a qué llamamos celos, cuál es su origen, qué los diferencia de sentimientos parecidos.

Las primeras relaciones afectivas que tiene un bebé humano están marcadas por el deseo de ser vividas en absoluta exclusividad. Nuestra vulnerabilidad inicial y la inmadurez con la que nacemos hace imprescindible contar con el sostenimiento de un adulto que pueda encargarse de satisfacer todas nuestras necesidades vitales en espera de que vayamos creciendo en autonomía y estemos preparados para cuidar de nosotros mismos. Esta relación de total dependencia es tal que ni siquiera el bebé es consciente en un principio de que se trata de una relación a dos, como tampoco puede imaginar la atención y el esfuerzo que están detrás de esas satisfacciones: preparar el biberón, cuidar que la temperatura del baño sea la adecuada...

Al mismo tiempo, y en consonancia con ello, durante el embarazo, y por el hecho mismo de estar embarazada, la madre vive la experiencia de irse identificando con el bebé y ser muy sensible a sus necesidades; está especialmente capacitada para cuidar de su hijo mientras dura ese periodo de desvalimiento.

En los meses siguientes a su nacimiento el niño y su mamá mantienen una relación sumamente estrecha. Nadie como ella para interpretar las demandas de su hijito y respondera ellas certeramente. Por un tiempo ambos comparten la ilusión de que esta relación dual es todo lo que necesitan para sentirse completos. Incluso en este primer momento podemos decir que se trata de una relación de confusión entre ambos más que de una relación a dos.

Muchas situaciones cotidianas que tenéis la posibilidad de observar en las mamás de lactantes, o que seguramente habéis vivido, son buenos ejemplos de todo esto: restringir bastante la relación social en esos meses sucesivos al parto; salir por espacios muy cortos de tiempo y tener la impresión de que, sin embargo, se tardó mucho en volver; no quedarse muy tranquila dejando al bebé con alguien, aún cuando sea una persona en la que se confía plenamente; atribuir un significado determinado al llanto del niño, como si se adivinase lo que le pasa... No dejar de pensar en él.

Pero un día el niño sale de su bello engaño y descubre que a su mamá le gusta hacer otras cosas y estar con otras personas, además de estar con él. A su madre no le satisface solo él; en su mundo existen también otros, por ejemplo su pareja, con quienes tiene relación y a quienes necesita para vivir. Comprobar y asumir esto supone incluir ya un "tercero" en su relación, pasar de lo dual a lo triangular. Esta situación supondrá una decepción para el niño, que se sentía viviendo en el paraíso, pero también obtendrá de ella seguridades y ventajas que le apoyarán en su desarrollo. Esta triangularidad inaugura muchas cosas, la posibilidad de irse despegando de su madre, la posibilidad de acceder al lenguaje y, cómo no, la dinámica de la rivalidad. Su padre, además de ser para él fuente de ternura y afecto, es ahora también su primer rival.

En este momento el niño no podrá vivir esta nueva forma de relación con su madre de otro modo que desde una lógica excluyente: "O él, o yo". Con ello entra en el campo de las preferencias, las exclusiones y también de la pregunta "¿Qué tiene él que no tenga yo?", lo que añadirá a su estado de ánimo un sentimiento de envidia.

En adelante éste será el patrón de sus relaciones afectivas. Vivirá esto mismo respecto a su padre con su madre como rival y, naturalmente, con cada nacimiento de un hermano, aunque en especial con el del primero, ya que con los sucesivos su experiencia ya no será novedosa ni, por tanto, tan intensa.

Sabiendo de este deseo de exclusividad del niño, es más fácil entender que el nacimiento de un hermano suponga una experiencia dolorosa que vuelve a abrir esa herida que produjo vivir la exclusión.

Es una realidad que a partir de este momento las atenciones y los cuidados de sus papás tendrá que compartirlos. Lo que inicialmente se ha podido disfrutar como un privilegio de primogénito, corre ahora el riesgo de perderse por la presencia de ese "intruso".

Antes del nacimiento seguramente se lo habrán comunicado, con la esperanza de que anticiparse al acontecimiento le ayudará. Ciertamente que esto es así, pero casi siempre este anuncio olvida incluir información acerca del tremendo espacio que ocupa un bebé. Esto hará que al llegar el momento, de una forma u otra, le coja por sorpresa.

Sus celos tienen la raíz en la convicción de que sus padres preferirán al bebé y él sentirá nuevamente la amargura de ser el excluido. Su tristeza y su rabia responden tanto a la amenaza de perder el afecto de sus padres como a la desvalorización personal que imagina frente al otro niño. Hasta ahora, por ejemplo, creía que el deseo de sus padres era que creciese, que se hiciese mayor, pero cuando les ve felices mirando a su bebé, le surge la duda de si no sería mejor parecerse más a él y volver a ser ese pequeñín al que sus padres están contentos de cuidar. En el peor de los casos puede ocurrir incluso que uno de los hermanos tenga alguna deficiencia o salud precaria, lo que origina que sus padres estén más pendientes de él. El niño podría envidiar esta situación, que no tiene en sí misma nada de envidiable, por lo que representa de atenciones y cuidados especiales: "Yo quiero estar en el lugar de ese".

Una cosa es segura: la envidia de cualquier situación que viva el otro y no él. Con ello, el sentimiento de hostilidad, la vuelta a la pregunta "por qué él o ella y yo no" y el intento de hacer algo que pueda restituirle su lugar. "A lo mejor hay que volver a ser pequeño o ser niña (si lo que ha tenido es una hermana), no sé... pero no puedo quedarme así, sin hacer nada".

Los celos pueden aparecer acompañados por la envidia, como vimos antes. En la vida cotidiana podemos percibir una mezcla entre ambos, pero la envidia y los celos son sentimientos con matices diferentes y que conviene distinguir. La doctora Melanie Klein, que acumuló una gran experiencia en el trabajo con niños, señala de forma muy clara estas diferencias cuando dice: "La envidia es el sentimiento enojoso contra otra persona que posee o goza de algo deseable, siendo el impulso envidioso quitárselo o dañarlo. Además, la envidia implica la relación del sujeto con una sola persona y se remonta a la relación más temprana y exclusiva con la madre.

Los celos, basados en la envidia, comprenden una relación con al menos dos personas y conciernen principalmente al amor que el sujeto siente que le es debido y le ha sido quitado, o está en peligro de serlo, por su rival; es decir estamos frente a una clara situación triangular".

En síntesis podríamos decir que en la primera se trata de

conseguir lo que se cree no tener en tanto el otro sí lo tiene, mientras que los segundos hacen referencia a otra creencia distinta: perder lo que el niño piensa que ha tenido.

Desde el punto de vista del adulto, pertenecer a una familia de varios hermanos tiene sus ventajas, pero esto es algo con lo que el niño no podrá estar de acuerdo hasta pasado mucho tiempo. Aunque tratemos de hacerle considerar lo que gana en esta nueva situación, él sólo podrá vivir en primera instancia lo que ha perdido. Es lógico y deseable por tanto, que exprese su protesta de alguna forma. Poder entender esto es muy importante y beneficioso para él, así como ayudarle a comprender que no se trata como imagina de: "el otro o yo", sino que ambos están incluidos en el deseo y el cariño de los padres.

En algunas ocasiones, también el papá se pone celoso; esta compenetración tan grande entre madre e hijo durante los primeros meses puede suscitar en él el sentimiento de estar fuera de este "idilio" y desalojado del lugar preferencial que tenía antes con su mujer. Naturalmente que él también está contento de ser padre pero esto no es incompatible con sentirse irritado porque cree que su pareja no le presta tanta atención como antes, se muestra reacia ante sus propuestas o parece estar preocupada únicamente del bebé.

Adaptarse a esta nueva situación siempre lleva un tiempo, aun cuando haya sido un embarazo también buscado por él y que le llene de gratificaciones. Es curioso que, con frecuencia bastante significativa, los varones que están a punto de ser papás cambien de coche, compren un perro o inicien actividades de las que van a disfrutar individualmente, sin la compañía de su mujer.

Después de un tiempo las aguas vuelven a su cauce y habitualmente vuelve a encontrarse el equilibrio. En todo caso, quien haya vivido esta experiencia puede aprovecharla para comprender mejor los sentimientos del niño celoso y empatizar más con su sufrimiento.

OPINIONES Y PREGUNTAS DE LOS PADRES

¿Son patológicos los celos? ¿Van a durar para siempre?

Algunos padres se preocupan mucho cuando sienten a sus hijos celosos porque tienen la creencia de que esto es algo malo, que supone un defecto del que los padece. Tal vez, si ellos mismos, de pequeños, fueron reprendidos por sus padres por manifestar estos sentimientos respecto de sus hermanos, hayan crecido con la idea de que tal cosa no debería ocurrir y desde luego, si ocurre, deba ser mantenida en secreto.

Pero ahora estamos viendo que si hay una conclusión a la que podemos llegar desde lo expuesto anteriormente, es que los celos son universales, es decir, forman parte de las características de todo ser humano, aunque naturalmente, la virulencia con la que cada uno los padece depende mucho de las circunstancias personales concretas de cada caso. Del mismo modo, la forma específica de exteriorizarlos, como veremos en el capítulo siguiente, varía también de unos niños a otros.

En cuanto a la permanencia a lo largo del tiempo de esta forma de sentir, hay que decir que lo más frecuente es que desaparezca con el tiempo, cuando el niño comprueba que no tiene motivos para estar tan asustado. Únicamente permanecerán y podrán, entonces sí, convertirse en un síntoma patológico si las circunstancias de su realidad familiar le ratifican ese sentimiento suyo de amenaza. Cuando se pueda tolerar que el niño se sienta mal por un tiempo, se le permita expresarlo y se pueda hacer llegar a cada hijo que se le quiere y tiene su propio lugar, los celos tenderán a ir desapareciendo y dando paso a la complicidad entre los hermanos frente a sus padres.

¿Es normal que el niño exprese estos sentimientos claramente? ¿Conviene hablar con él de ello?

Las manifestaciones de los celos infantiles son muy diferentes de unos niños a otros. En el capítulo siguiente vamos a ilustrar con ejemplos concretos distintas formas de reaccionar de los niños que se encuentran en esa situación, que seguramente os resultarán familiares. Pero ahora, respondiendo a la pregunta del enunciado, hay que decir que de todas las formas posibles, la expresión directa del malestar y del temor es la más saludable y, por tanto, la más deseable.

Cuando las cosas ocurren de esta forma, es más fácil que la inquietud se atempere ya que hablar sobre ello supone, por un lado, que el niño sea consciente de lo que le está pasando, a la vez que tiene confianza en que sus padres van a poder hacerse cargo de ello, y, del otro, que sus padres, sabiendo lo que está pasando, puedan estar más atentos y apoyar a su hijo en lo que necesite. (Por no hablar de las ventajas que supone, en general, aprender desde pequeño que sacar afuera lo que uno tiene dentro mediante la palabra es enormemente beneficioso para la salud).

Si se puede hacer con naturalidad, tener una conversación con el niño y transmitirle que se entiende lo que le está pasando, tendrá también un efecto relajante. A los niños, como a los adultos, les hace sentir mejor saber que no son los únicos a quienes algo así pasa, y que tener esos sentimientos no les convierte en alguien malvado. Pero, claro está, no se trata de dramatizar, forzar situaciones o hacer largas disertaciones sobre el asunto; bastará con algún comentario que deje constancia de la actitud receptiva y flexible de los padres.

¿Podemos los padres hacer algo, teniendo en cuenta que es un conflicto entre los hermanos? ¿Hasta qué punto nuestra actitud tendrá alguna influencia?

Para responder a esta cuestión debemos recordar que, aunque efectivamente estamos hablando de la relación fraterna, el padre y la madre están también implicados en el conflicto; mejor dicho: son su núcleo. Es por su cariño por lo que los hermanos compiten y, naturalmente, la forma de comportarse de papá o mamá -que sus hijos observarán con la lupa- se tomará como índice del estado de cuentas afectivo con relación a cada uno de ellos.

Los padres tienen un importante papel como moderadores y, como veremos más adelante, pueden hacer mucho para atenuar estos conflictos. A veces también pueden fomentar, desafortunadamente, la aparición de estas tensiones, aunque no sean conscientes de ello. Por ejemplo cuando hacen que los niños se comparen entre sí con motivo de sus rendimientos escolares o cualquier otro de sus comportamientos.

En otras ocasiones pueden desencadenar resentimientos si se ensalza en exceso a uno de ellos frente a los otros, de manera que sea demasiado palpable que existe una clara preferencia hacia el primero. Por eso conviene estar atento a cualquier reacción que pueda dar a entender que se está hiriendo la sensibilidad de alguno de los niños, y tratar de evitar las situaciones que puedan contribuir a ello.

CAPÍTULO SEGUNDO

Manifestaciónes de los celos infantiles

Decíamos antes que la forma de mostrar desagrado frente al hecho de experimentar un sentimiento celoso puede ser muy diferente en cada niño y de unas situaciones a otras. Pero sea cual sea la que el niño adopta, es importante partir del supuesto de que este sentimiento siempre existe si queremos transmitir al pequeño que podemos entender su malestar, y que todos hemos pasado por ahí.

En algunas ocasiones son los propios padres quienes tienden a minimizar o incluso a negar estos sentimientos -tal vez porque cuando los vivieron en su infancia no tuvieron espacio para expresarlos- y con esto el niño llega a la conclusión de que lo que le pasa es malo y reprobable y por tanto conviene reprimirlo (tal como su padre y/o su madre lo hicieron) y no hablar nunca de ello.

Vamos a ver algunos de los comportamientos más frecuentes entre los niños celosos, ilustrados con ejemplos concretos y fácilmente observables en la vida cotidiana.

Rivalidad abierta, claramente expresada hacia el otro, de forma verbal:

Afortunadamente, es bastante habitual en niños pequeños (ya hemos comentado que es una forma muy saludable de protestar por lo que le está pasando). En reiteradas oportunidades el niño hace llegar a su mamá, a su papá, e incluso a otros adultos su desacuerdo con la situación, su deseo de seguir siendo el que consigue la atención de los mayores y su determinación a rechazar tanto al bebé como a todo lo relacionado con él. Puede formular expresiones como estas:

"Quiero que te lleves ya al hermanito".

"Él me ha fastidiado la vida".

"Ella tiene la culpa de todo esto que me pasa. Desde que ha nacido todo me va mal".

"Tú me dices que le quiera, pero yo no le voy a querer nunca".

Actuaciones agresivas hacia el bebé:

Aquí ya no se trata únicamente de palabras, el pequeño pasa a la acción: empuja al bebé, le quita los juguetes con que se entretiene, le aprieta con fuerza o le tapa la nariz impidiéndole respirar.

Algunos papás relatan situaciones como estas:

"Mi hija Marina tiene tres años y medio. Hace nueve meses que ha tenido un hermanito. Tenemos que estar muy alerta porque aprovecha el menor descuido para molestar al bebé y hacerle daño. Le pega palmaditas en la cara, grita y le asusta, le abraza fuertemente hasta que consigue hacerle llorar".

"Estamos muy preocupados porque hemos sorprendido varias veces a nuestro hijo mayor intentando hacer daño a su hermanita. Le tapa la cara con fuerza, la zarandea. Cuando le regañamos asegura que lo hace porque están jugando y a ella le gusta".

Hostilidad dirigida contra la madre:

La reivindicación está dedicada a ella, ya que, en definitiva ha sido la que ha permitido que esto ocurriese, haciéndole a un lado. Este tipo de manifestación suele ir acompañada de toda una gama de formas de actuar que se saben molestas o preocupantes para la mamá. Podemos encuadrar aquí los casos de niños que desobedecen, no quieren comer, se hacen pis encima, se ponen díscolos y, en general, se oponen sistemáticamente a lo que su mamá les pide. En esta forma de actuar podemos observar también un intento de atraer hacia sí la atención, que siente que acapara ahora su hermano:

"Desde el nacimiento de su hermano, nuestro hijo Jaime tiene un comportamiento muy rebelde, sobre todo con su madre. Se niega a recoger sus juguetes, no cumple normas que hasta ahora pensábamos que ya tenía interiorizadas y lleva continuamente las situaciones al terreno de la pelea. Protesta cuando tiene que meterse en la bañera con la misma fuerza con la que después lo hará en el momento de salir del agua".

Pueden también expresarse verbalmente: *"Mamá, ya no te quiero"*, lo cual puede significar al mismo tiempo lo que él cree que le ocurre ahora a su madre.

Hostilidad dirigida hacia sí mismo:

En este caso no se exterioriza la agresividad apuntando hacia otro, sino que él mismo se erige en blanco de su propia violencia. Hay niños que viven la experiencia adoptando una actitud de replegamiento, de quitarse de en medio, quizás pensando en que él mismo puede ser el culpable de que sus padres le quieran menos. En este tipo de manifestación es más difícil que el niño verbalice con frases directas lo que le está pasando ya que esta idea suya respondería a un pensamiento más inconsciente. De cualquier manera podríamos escucharle cosas como esta:

"Te vas a enfadar conmigo".
"Te gustaría más ser la mamá de mi amiga Lucía".

Regresar a comportamientos más infantiles, superados ya con anterioridad:

Muchos padres dicen haber vivido situaciones como esta. Con la llegada del benjamín su hijo mayor empezó a hablar de forma extraña y poco clara, quería tomar otra vez biberón, se hacía pis encima, tenía rabietas con frecuencia, etc.:

Los niños pueden expresarlo más o menos así:

"Dame mi chupete de cuando era pequeña".
"Yo también quiero papilla de frutas".
"¿Vale que yo era tu bebé?".
"Soy un poco mayor pero también un poco pequeño".

De todas estas manifestaciones, es la primera, sin duda, la que aporta a los padres una pista más clara acerca del sentimiento de su hijo. Justo por eso conviene estar más atento si no fuera ésta la manera de actuar del crío. Hay que insistir una vez más en la idea de que no es correcto pensar que en realidad no existe un verdadero sentimiento de rechazo, que, por el contrario, se manifiesta al bebé gran cariño y ternura, ya que dada la natural ambivalencia de los sentimientos humanos, la expresión más afectuosa, aún siendo sincera, no excluye la hostilidad, sino que se da simultáneamente con ella:

"Le da unos besos tan cariñosos y tan fuertes que casi le hace daño".

OPINIONES Y PREGUNTAS DE LOS PADRES

"Cuando un niño presenta alguna de estas manifestaciones ¿qué hay que hacer? ¿Hay que regañarle? ¿Darle alguna explicación?".

Normalmente los celos, así como todas estas maneras de expresarlos, tienden a desaparecer con el tiempo si los adultos saben cómo actuar para despejar todos esos fantasmas que invaden el mundo interno del niño.

Es fundamental tener presente que esos comportamientos alterados tienen, como venimos viendo, su razón de ser, y en condiciones normales remiten cuando el niño vuelve a sentirse seguro y ubicado.

Impacientarse rápidamente o hacer reproches a vuestros hijos, poniéndoos muy exigentes, únicamente hará que las cosas empeoren. Veréis que una de las consignas que esta publicación repetirá incansablemente es la de mantener la escucha comprensiva y transmitir al pequeño celoso que se sabe lo duro que todo esto le resulta a veces.

Seguramente habrá entre estas actuaciones algunas que sean inadmisibles, mientras que otras no requieran de una prohibición. Por ejemplo, es evidente que no se pueden tolerar las agresiones, mientras que los comportamientos más regresivos pueden no sólo permitirse, sino integrarse en la vida diaria como un juego: *"Ahora jugamos tú y yo a que eras mi bebé, como cuando eras pequeñita. Yo te daba tu biberón, te metía en la cunita..."*. Aunque recordar con el niño sus primeros meses de vida y lo que se hacía para cuidarle suele ser suficiente para que se sienta querido y se calme.

Sólo en el caso de que no se aprecie una mejoría clara con el transcurso del tiempo, no cesen estos síntomas y se perciba un sufrimiento intenso por parte del niño, habría que consultar con un especialista.

"Sabemos que tener celos es algo normal que les ocurre a todos los niños, pero nos gustaría saber cómo actuar con nuestra hija que va a tener un hermano. ¿Podemos hacer algo ahora para prevenir la situación y evitarle, al menos en parte su disgusto?".

Desde luego que se pueden tener en cuenta muchas cosas que, aunque no eliminen completamente el malestar de la niña, sí pueden aliviarla en el momento de afrontar la situación. Si vemos las cosas tal y como ocurren para ella, podemos pensar en tres fases diferentes:

Durante el embarazo es muy importante que sepa lo que va a ocurrir. Será más fácil para ella si está sobre aviso de que su mamá puede estar un poco más cansada, así como de lo que significa la presencia de un bebé. Lo que mayor tranquilidad va a proporcionarle es escuchar que no se la va a dejar de querer por ello, que cada hijo tiene su sitio y nadie se lo puede quitar. Hablar de los cambios que se van sucediendo. Palpar la barriga de mamá. En definitiva, hacerla partícipe de lo que está sucediendo, sin que eso signifique que ya no haya otro tema de conversación más que ese.

Durante el periodo del ingreso en la maternidad también es importante explicárselo, añadiendo además que ella no se va a quedar sola, que va a estar atendida, con quién se quedará y más o menos cuánto tiempo. Será de mucha ayuda que pueda llevarse su juguete u objeto preferido, incluso algo que pertenezca a su mamá. Si es posible, el papá debe estar más pendiente y en contacto con ella. Visitar a su mamá y al niño en la clínica.

Cuando vuelvan todos a casa teneis que tratar de hacerla sentir orgullosa de su nuevo lugar de hermana mayor. Que pueda apreciar sus ventajas, cuando se le permita hacer alguna cosa que no hacía antes.

"Nuestro hijo había empezado a ir al colegio un poco antes de que naciera su hermano ¿puede empeorar esto las cosas para él? ¿alterará su comportamiento en clase?".

Siempre que se pueda convendría que estas dos circunstancias no coincidan en un mismo momento. De ser así, el niño podría vivirlo como si hubiera entre ellas una relación causa-efecto: *"Llega mi hermano y me echan a mí"*, lo que complicaría más la situación. Es preferible que la venida del bebé le encuentre cuando se haya adaptado ya a todos los cambios que también supone para él la adaptación al cole.

Por otra parte, cuando esto es así, tener otros compañeros de aula que pueden estar viviendo lo mismo hará que se sienta mucho más cómodo.

Las educadoras y educadores están muy atentos a cada uno de los momentos y fases que deben atravesar los niños de las edades con las que trabajan. Por supuesto que convertirse en hermano mayor es, no sólo una noticia importante que festejarán todos en la clase, sino que, además, cuando en un aula coinciden varios alumnos que han tenido hermanos suelen programarse actividades cuya intención es expresamente la de ayudarles a familiarizarse con la idea. A menudo tienen la posibilidad de comentar entre ellos cómo ha sido, qué les parece, cómo se sienten al respecto o qué inconvenientes y ventajas le encuentran.

También es habitual que durante este periodo los educadores observen con más atención a un niño que acaba de tener un hermano para poder después informar a los padres de cualquier reacción inusual por su parte.

Igual que sucede con otras muchas cosas, el comportamiento del niño en clase no tiene por qué coincidir con lo que manifiesta delante de sus padres. En ocasiones expresa con mucha mayor claridad su rechazo de lo que luego hace en casa; en otras, parece que cuando entra por la puerta de su aula haya olvidado completamente esta circunstancia. Por eso, es muy importante que los papás se animen, especialmente en periodos así, a intercambiar información con el equipo educativo, esto puede ahorrar un malestar a menudo infundado.

Cuando dos hermanos acuden juntos al mismo centro, puede ocurrir también que la relación entre ellos sea diferente de la que sus padres perciben. Es muy habitual que un hermano pegón se convierta en la escuela en su más vehemente defensor.

"En la escuela a la que asiste nuestra hija, su educadora dijo en una reunión que a los niños que acaban de tener un hermano les alivia mucho escuchar cuentos que tratan este tema de la rivalidad fraterna. Nos gustaría tener un poco más de información sobre eso".

Probablemente habéis vivido alguna vez la experiencia de sentiros profundamente identificados con el protagonista de determinada película, os habéis sentido especialmente conmovidos por un párrafo de un libro -que describe con acierto pleno una sensación que hayáis tenido- o habéis permanecido un buen rato frente a un cuadro por tener la impresión de que *"te dice algo"*. Esto es precisamente lo que los niños experimentan con los cuentos, en especial con los tradicionales, con los que llamamos cuentos de hadas.

El cuento pone delante del niño de forma lúdica y literaria muchos de los sentimientos internos que él mismo tiene, con la ventaja de que son los personajes de la historia, y no él, quienes luchan contra las dificultades, están paralizados por el miedo o tienen ocultos deseos que no gozan del todo de la simpatía y el beneplácito de sus padres. Por otro lado, tienen el valor añadido de que al final todos son felices, lo que alimenta notablemente la confianza del niño en un futuro exitoso, aunque haya que trabajar para conseguirlo.

No hay un solo niño a quien no le guste escuchar cuentos. Nadie discutiría en la actualidad el efecto que estos tienen sobre el universo afectivo de quienes lo escuchan.

Es sobre todo al psicólogo infantil Bruno Bettelheim a quien le debemos las aportaciones más valiosas respecto al tema. A él pertenece el fragmento siguiente, que puede ayudarnos mucho a entender de un modo sencillo el apoyo que estos relatos suponen en la niñez:

"Si algunos de los pasos que el niño da pudieran verse aisladamente, se diría que la capacidad de adornar el presente con fantasías es lo que permite alcanzar el resto de objetivos, porque con ello se pueden soportar las frustraciones experimentadas en la realidad. Si consiguiéramos recordar cómo nos sentíamos cuando éramos pequeños, o pudiéramos imaginar la sensación de fracaso que un niño experimenta cuando sus compañeros de juego o sus hermanos mayores le rechazan o hacen las cosas mejor que él, o cuando los adultos -y, en el peor de los casos, los padres- parecen burlarse o mofarse de él, entonces sabríamos por qué el niño se siente tan a menudo como un ser

inferior: un "tonto". Sólo una fantasía exagerada acerca de éxitos futuros podrá equilibrar la balanza, de manera que el niño pueda seguir viviendo y esforzándose".

Más específicamente, en relación con los celos infantiles, habla Bettelheim del popular cuento de Cenicienta como máximo exponente de estos sentimientos en los niños. Resumo algunas de sus aportaciones:

"Cenicienta es un relato sobre las esperanzas y angustias presentes en la rivalidad fraterna y sobre el triunfo de la heroína rebajada por las dos hermanastras que abusan de ella. En la lengua alemana existen numerosos ejemplos que nos demuestran que el hecho de verse obligado a vivir entre las cenizas no sólo es símbolo de degradación, sino también de rivalidad fraterna.

Ningún otro cuento de hadas expresa tan bien como las historias de La Cenicienta las experiencias internas del niño pequeño que sufre la angustia de la rivalidad fraterna, cuando se siente desesperadamente excluido por sus hermanos y hermanas. Cenicienta es menospreciada y degradada por sus hermanastras; su madre (madrastra) la obliga a sacrificar sus propios intereses en beneficio de los de aquellas; tiene que realizar los trabajos más sucios de la casa y, aunque los lleve a cabo con toda minuciosidad, no recibe gratificación alguna; al contrario, se le exige cada vez más y más.

Por muy exageradas que puedan parecer las tribulaciones y penalidades de Cenicienta a los ojos de un adulto, éstas corresponderán exactamente a los sentimientos del niño que se halle inmerso en este conflicto. El término "rivalidad fraterna" hace referencia a una compleja constelación de sentimientos y a sus causas inherentes. Con muy pocas excepciones, las emociones originadas en la persona presa de este conflicto son desproporcionadas si las comparamos a su situación real con sus herma-

nos y hermanas, desde un punto de vista objetivo. El niño se siente, a menudo, maltratado, a pesar de que reconoce que no es cierto. Por eso cree en la verdad inherente de Cenicienta y en su eventual liberación y victoria final.

Lo que provoca la rivalidad es el temor de que, al ser comparado con sus hermanos, el niño no logre el amor y la estima de sus padres. Un niño ve las cosas de modo subjetivo y, al compararse en estos términos con sus hermanos, le es imposible pensar que algún día pueda igualarlos. Si pudiera convencerse de que su posición inferior se debe únicamente a sus capacidades -que se hallan limitadas por la edad- no padecería tan atrozmente los efectos de la rivalidad, puesto que podría confiar en que el futuro solucionase las cosas.

Todo niño, en algún momento de su vida, cree que, debido a sus secretos (y quizás también a sus acciones clandestinas) merece ser degradado, apartado de los otros y relegado a una existencia inferior, rodeado de cenizas y suciedades. Una vez más, la falta de objetividad insta al pequeño a pensar que sólo él experimenta tales deseos y que únicamente él es malo. El sentimiento de que no es digno del amor de sus padres cuando más desea que estos le quieran origina el temor al rechazo, aunque en realidad no haya motivo para ello. A su vez, este miedo al rechazo acarrea la angustia de que los otros son los preferidos, es decir, los mejores.

Por otra parte, el comportamiento de las hermanastras para con Cenicienta justifica los sentimientos, por muy bajos que sean, que el niño experimenta hacia sus hermanos. Teniendo en cuenta esa circunstancia, Cenicienta es totalmente inocente. De ese modo, el niño, al oír la historia, comprende que no tiene por qué sentirse culpable a causa de sus malos pensamientos.

Cenicienta traza el camino hacia un desarrollo de la perso-

nalidad -necesario para conseguir la plenitud- presentándolo a la manera típica de todos los cuentos de hadas, para que toda persona pueda captar lo que tiene que llevar a cabo para convertirse en un ser humano total".

Los propios niños demuestran saber lo que les tranquiliza cuando piden a los adultos determinados cuentos con preferencia a otros. Podemos anticipar cuáles son los que demandarán a cada edad o en circunstancias concretas como éstas, ya que todos eligen casi siempre los mismos. Acerca de la rivalidad, además de Cenicienta, son favoritos entre ellos: *Julieta, estate quieta* y *Kalamito tiene una hermanita.*

CAPÍTULO TERCERO

Preocupaciones más comunes de los padres

En distintos espacios formativos con las familias, podemos constatar que a casi todos los papás y mamás que tienen niños de edades y situaciones similares suelen inquietarles las mismas cuestiones, y preguntarse cosas muy parecidas. Al mismo tiempo, ellos mismos aseguran que la sola posibilidad de compartir con otros padres estas preocupaciones es bastante esclarecedora. Si a esto le añadimos argumentos educativos que ayudan a formar su criterio, solemos conseguir un buen "tranquilizante". ¡Probemos también aquí!

"¿Es conveniente avisar de la llegada de su hermano? ¿Cómo y cuándo hacerlo?"

Como hemos venido viendo hasta aquí, el nacimiento de una hermanito o hermanita supone un cambio radical en la vida del niño, en sus costumbres, en el lugar que ocupa en su familia, etc. Por eso es muy importante que demos al niño la posibilidad de prepararse para ello y de irse haciendo sitio en su cabecita antes de que tenga que hacerlo, quizás, en su propia habitación.

Cuando vivimos acontecimientos difíciles o angustiosos y después hablamos de ellos, comentamos cómo esta situación queda agravada por la circunstancia de haber sucedido de forma inesperada y repentina. Sabemos que una de las condiciones que convierte una experiencia en lo que denominamos trauma es justamente ésta: el factor sorpresa.

Nuestra respuesta por tanto es rotunda. Avisar a vuestro hijo cuando tal cosa vaya a suceder es fundamental para ayudarle a anticipar el acontecimiento y conseguir de este modo que cuando llegue el momento haya podido asimilarlo (aunque sólo sea parcialmente). Tenemos que ser conscientes de que, de cualquier manera, los niños son muy sensibles, tanto a los cambios físicos que se van produciendo en su mamá a lo largo del embarazo, como a los movimientos de su estado anímico, y, así las cosas, es preferible despejar las fantasías confusas que se pudiera estar formando.

Respecto al momento y a la forma, como en otras muchas cosas, hay que pensar tanto en cada niño en concreto como en lo que sus papás quieran transmitirle y en su forma personal de hacerlo. En todo caso, la noticia debe incluir los sentimientos que albergan los padres ante esta circunstancia: la ilusión que les hace o que les ha llevado un tiempo encajarlo, si es que es así. En definitiva, verbalizar qué supone para ellos.

En coherencia con ello, será oportuno preguntar al niño su opinión al respecto, naturalmente no como algo que modificaría de un modo u otro la situación, sino para escuchar cómo lo siente él y poder tenerlo en cuenta. Por supuesto hay que añadir que la forma de hacerlo debe tener presente la edad del niño y sus posibilidades de entender qué y cómo se le cuenta.

Es muy frecuente que en relación con este anuncio los padres recuerden espontáneamente cómo fue cuando lo esperaban a él. Esto resultará muy agradable para el niño y facilitará que pueda entender que tener hijos proporciona mucha ilusión y mucha alegría a los padres. Por otra parte, todas las ocasiones son buenas tanto para que los niños reconstruyan su propia historia como para que sean conscientes de que su existencia está íntimamente vinculada con los deseos paternos.

Por otro lado, y aunque estemos poniendo el énfasis en hacerle sentir que se trata de una buena noticia, no debemos olvidar contarle poco a poco cómo es un bebé cuando nace, cuáles son sus hábitos y sus necesidades, para que vaya incorporando que todo lo que probablemente imagina de su relación con el hermanito (los juegos y las diversiones) llegarán en algún momento pero no estarán ahí desde el inicio. Ayuda para esto referirse a otros bebés que tal vez él ya conoce, o mejor, como antes comentábamos, explicarle cómo fue cuando él mismo era un recién nacido: cuanto dormía, cómo se le bañaba, cuánto tardó en gatear, hablar, etc. Ver juntos las fotos o las películas que se le hicieron en esos primeros meses suscitará también preguntas suyas a las que se puede ir respondiendo.

Cuando los niños son muy pequeños no tienen una idea clara de cuánto son nueve meses. Se puede colocar en algún lugar de la casa un calendario donde se pueda señalar de vez en cuando el tiempo que ya ha transcurrido o el que todavía falta.

Si es a los padres a quienes la noticia toma por sorpresa o es vivida por ellos con cierta ambivalencia, con una explicación sencilla el niño podría entender, sin sentirse mal por ello, que sus padres tuvieran sentimientos encontrados respecto de lo que supone para ellos el acontecimiento. En este caso también se puede hablar con naturalidad del asunto: "estamos contentos y a la vez un poco inquietos".

A todos los niños les hace felices que se les diga que ellos son más independientes porque ya son mayores y eso les permite hacer muchas cosas. Decir al niño "tú eres el hermano mayor y siempre vas a serlo" aunque sea algo obvio para el adulto, para él es toda una revelación que además recibirá encantado. La idea de que su hermanito o hermanita aprenda cosas de él resulta gratificante, siempre que no se plantee, claro está, como una responsabilidad ineludible.

Elegir durante este periodo cuentos en los que se hable de relaciones entre hermanos también contribuirá a que se haga una idea de cuáles son las ventajas y los inconvenientes que conlleva la relación fraterna, así como los sentimientos ambivalentes que comporta. Serán especialmente de su agrado aquellos cuyo protagonista sea el que ocupa el mismo lugar que él en la constelación familiar, y en los que aparezca claramente como el héroe.

"¿Hay una edad que sea mejor que otra para tener un hermano?"

Existe una opinión bastante extendida respecto de la conveniencia de que los hermanos se lleven la menor diferencia de edad posible. A menudo escuchamos conversaciones en las que familiares y amigos hacen este tipo de recomendaciones aduciendo razones tales como que será más fácil que se diviertan juntos y organicen sus juegos, puedan ayudarse, compartan amigos o que represente un esfuerzo un poco menor para los padres ya que dedicarán menos tiempo a la crianza de ambos. Estos argumentos, ya de por sí discutibles, parecen estar pensados más desde el punto de vista del adulto que desde la vivencia infantil.

Naturalmente es difícil, incluso en ocasiones poco deseable, decidir desde criterios meramente racionales en qué momento concreto se debe gestar un embarazo. Es éste un asunto fundamentalmente emotivo y estrechamente vinculado a los deseos subjetivos (aun cuando éstos a veces no sean del todo conscientes). En este sentido, no estamos hablando ni mucho menos, de la conveniencia de un embarazo cuidadosamente programado.

Por otra parte, y en relación con lo anterior, el nuevo embarazo debe tener su propia entidad y no responder a la idea de "encargar para el niño un hermanito" tal como escuchamos decir a veces.

Sin embargo, tratando ahora de enfocarlo desde el punto de vista del niño, es rigurosamente cierto que, como para todo, las circunstancias en las que se presentan los acontecimientos determinan en buena medida el modo de encajarlos. El surgimiento de esta pregunta por parte de los padres implica tanto esta creencia como su intención de hacer todo lo posible para que su hijo lo pueda afrontar de la mejor manera.

En el capítulo primero veíamos la enorme dependencia que tiene el bebé humano respecto del adulto. Dada su vulnerabilidad, su necesidad de él es sencillamente vital. Las mamás suelen hacerse eco de este hecho cuando comentan que, sobre todo en los primeros meses, su entrega al cuidado del bebé es tan exclusiva que casi no tienen tiempo para ninguna otra cosa.

El adulto tiene un papel fundamental en el acompañamiento del niño en estos primeros momentos. Después, su cuidado y sostenimiento son también importantísimos, lo que conlleva poder destinar a este fin buena parte de la energía que tiene disponible. Por su parte, el niño difícilmente puede tolerar en este periodo compartir esa atención que le resulta tan imprescindible.

La conquista de su autonomía vendrá dada paso a paso como resultado de experiencias que le pondrán en la tesitura de generar sus propias respuestas. Como consecuencia de esto el niño crece y se afirma en su individualidad.

Cuando llega el momento de desear empezar a hacer algunas cosas solo, será un poco más fácil admitir la distancia que siente respecto al adulto mientras éste se ocupa de alguien que no es él. Ese deseo de independencia únicamente será posible desde la experiencia de la confianza en el éxito que a su vez descansará en lo vivido anteriormente en la estrecha relación con el adulto. Comprenderá el niño poco a poco que ser mayor también tiene sus ventajas pero, hay que insistir en ello, solamente cuando haya podido extraer lo necesario de su fase más dependiente.

Ese sentimiento de seguridad respecto de sí mismo y de sus propias capacidades hará más fácil estar en disposición de compartir la atención paterna. No se trata entonces de tener una determinada edad antes de convertirse en hermano, sino de haber podido vivir los procesos personales que le permitan situarse frente a otras realidades externas.

Coincidiendo con todo esto suelen aparecer los primeros atisbos de vida social. La relación con los iguales va cobrando importancia de forma inversamente proporcional a su relación con su familia, primer núcleo afectivo. Ahora ya está preparado para establecer relaciones cariñosas fuera del hogar, es más, poco a poco va entendiendo que en eso consistirá su futuro. Ayudado de este soporte será menos dramático recibir al bebé.

Hablando en términos más generales, es oportuno suponer que la coincidencia de dos o más circunstancias novedosas puedan alterar en mayor medida el estado de ánimo del niño. Es aconsejable, como ya muchos padres saben, intentar que el nacimiento de su hermano no sea simultáneo a otras situaciones de cambio importantes en la vida del niño, como el inicio de su escolaridad, mudarse de domicilio u otras circunstancias por el estilo.

"¿Qué podemos hacer para evitar los celos?"

Hay que insistir una vez más en que los celos son un sentimiento inevitable y lógico, por tanto no podemos hacer nada para que no aparezcan. Pero sí podemos intentar ayudar al niño para que pueda vivirlos del modo más saludable posible. Transmitir al pequeño que sabemos que esto siempre es así, que todos tuvimos y aún padecemos celos respecto de algunas personas, aliviará un poco el peso y la culpa que experimenta cuando los esté sintiendo, y hará que deseche la idea de que sólo él siente eso.

También podemos intentar prevenirle con respecto al hecho de lo que realmente supone tener un hermano, y exponerle que, sobre todo al principio, puede haber cosas que no le gusten del todo y a las que le cueste trabajo adaptarse. Se puede añadir que, por descontado, va a disfrutar de muchas cosas buenas cuando llegue su hermanito, pero que para algunas de las cosas que querrá hacer con él tendrá que esperar un poquito. De la misma manera, puede anticiparse que cuidar de un niño muy pequeñito lleva mucho tiempo y que papá y mamá van a dedicárselo ahora a su hermano como ya lo hicieron cuando nació él.

Hacerle partícipe del acontecimiento invitándole a compartirlo hasta el punto en que él lo desee puede atenuar su sentimiento de exclusión.

Estar abiertos y receptivos a la posibilidad de que pueda hablar abiertamente sobre su malestar y tratar de escucharlo y acogerlo tal cual lo manifiesta será otro modo de ayudarle.

"¿Sólo los hijos mayores tienen celos de los hermanos más pequeños?".

Esta suele ser otra creencia bastante extendida y también errónea. No cabe duda de que algunas de las cuestiones de las que venimos hablando afectan de forma especial a los primogénitos, hijos que hasta la llegada de su hermano son únicos. Sin embargo, ese sentimiento amenazante de ser relegado frente a otro que es elegido planea como una sombra en la fantasía de todos. Absolutamente todos los niños en algún momento se consideran perdedores en relación con sus hermanos, con quienes compiten por el afecto de sus padres. Con frecuencia tienen la impresión de no ser los predilectos (incluso cuando lo son) y perciben que, con toda seguridad, su hermano sí lo es. Se preguntan por qué y fantasean con miles de explicaciones mientras observan susceptiblemente cualquier detalle que toman como prueba inequívoca de que están en lo cierto. Incluso recurren a la idea, bastante repetida, de que en realidad él o ella no son hijos biológicos de sus padres sino que fueron adoptados o recogidos de los más insospechados lugares.

Desde el punto de vista del niño que lo espera todo de su mamá y de su papá, cualquier acontecimiento que no confirme su expectativa es potencialmente frustrante, y la más mínima contrariedad puede convertirse en un drama. A esto hay que sumarle la sensación bastante generalizada de que lo que tiene el otro siempre es mejor que lo que uno tiene.

Ni siquiera los hijos únicos están exentos de sufrir estos avatares. Se comparan y compiten con otros niños que conocen o con los que ni siquiera existen, pensando que sus padres les preferirían. A menudo lo expresan abiertamente *"A ti lo que te pasa es que te gustaría que Sandra fuera tu hija en vez de serlo yo".*

En cualquiera de estos casos, lo que siempre está presente es el sentimiento de ser menos valioso que los demás que tiene como consecuencia un intenso malestar.

Es importante que los padres puedan encontrar la ocasión de hablar con el niño a solas, nunca en presencia de su hermano o de otras personas para hacerle llegar su impresión de que tal vez él puede estarse sintiendo menos atendido o menos querido de lo que cree que lo está su hermana. Expresarle sencillamente su afecto y poner de manifiesto las diferencias entre él y su hermana, así como resaltar cuales son sus cualidades, puede contribuir mucho a su bienestar.

"Cómo responder a la pregunta: ¿De dónde ha venido el bebé?"

Una de las preguntas que se hacen los niños ante el nacimiento de un hermano es precisamente ésta: ¿De dónde ha venido? y ampliando un poco más la interrogación ¿De dónde vine yo? (naturalmente, si no tienen la edad de conocer ya la respuesta). Podemos decir que es verdaderamente su primera inquietud filosófica, la pregunta por los orígenes.

Es por la confianza que deposita en sus papás, y también en la certeza de que ellos saben la respuesta, por lo que formula un día esta cuestión que le está dando vueltas por la cabeza.

Por su parte, los papás pueden afrontar de formas muy diversas la situación y también pueden manejar criterios muy diferentes a la hora de dar una respuesta. Es importante que cada uno se plantee qué es lo que desea transmitir y de qué manera hacerlo (aunque luego no siempre se puede llevar del todo a la práctica lo que se había pensado), ya que estamos hablando de algo que tiene bastante trascendencia y que supone un cierto grado de intimidad, así como qué tipo de respuesta será adecuada según la madurez del niño y su capacidad de comprensión.

Veamos con más calma algunas cuestiones que conviene tener en cuenta:

¿Por qué se está preguntando esto el crío? ¿Por qué en este momento? ¿Qué es exactamente lo que querrá saber? Ante las preguntas infantiles es muy útil recurrir siempre a estas interrogaciones antes de aventurarse a contestar. En este caso concreto podemos anticipar las respuestas para avanzar en el discurso.

Está claro que la llegada del bebé pone encima de la mesa en este momento las preguntas respecto al origen, pero cuáles son estas preguntas, qué es lo que un niño quiere saber.

Más allá de las cuestiones concretas (dónde estaba el niño antes, cómo vino a parar a la tripa de su madre), tenemos que entender otros planos en la pregunta del niño. En primer lugar, todo niño quiere saberse fruto del deseo de sus padres, *"Naciste porque nosotros lo queríamos así"*. Para él el significado de su vida está todavía muy vinculado a lo que quieren sus padres y siente una gran satisfacción cada vez que escucha una frase como esa. Eso es lo que está en juego para él detrás de sus preguntas. En segundo lugar, y muy vinculado con lo anterior, su curiosidad tiene que ver con la sexualidad y los aspectos placenteros que conlleva, de forma más concreta.

Se trata verdaderamente, como veremos, de lo que está en el origen, de forma que los datos más relacionados con la anatomía o los símiles reproductivos en el mundo animal y vegetal no alcanzan a constituir una respuesta del todo satisfactoria (a veces incluso no son capaces de comprenderlo).

Para estar seguros de que se responde de manera clara y ajustada a la inquietud del niño, un truco que funciona siempre es el de preguntar al niño acerca de lo que él mismo sabe al respecto, por qué se pregunta eso o qué es exactamente lo que le interesa saber. De esta manera tendremos la seguridad de que estamos siendo suficientemente concretos, y también de no alargarnos indebidamente en la respuesta, yendo más lejos de donde el propio niño se planteaba. Tengamos en cuenta que de nuestra reacción a sus preguntas, así como del modo de responderlas, depende que sigan preguntando o, por el contrario, que sientan que eso es algo que disgusta a los mayores y por tanto es mejor dejar de hacer.

Todas las personas, desde muy pequeñas, se hacen estas y otras preguntas acerca del funcionamiento del mundo en el que viven. Estas preguntas se corresponden con otras tantas explicaciones que cada uno tenderá a construir en función de sus propias experiencias y de sus ideas particulares. En ocasiones estas "teorías personales", a pesar de ser equivocadas, pueden perdurar aunque ya se conozcan las explicaciones reales al respecto. Nada de esto tiene importancia si no se prolonga demasiado en el tiempo (creer en lo Reyes Magos no es un problema para un niño de cinco años pero sí para uno de diez).

Otro asunto que puede evidenciarse con ocasión de un nuevo nacimiento es el de percibir por primera vez la diferencia de los sexos. Este hecho tan sorprendente como desconcertante abrirá docenas de preguntas más: "*¿Qué le pasa a la niña? ¿Por qué no tiene colita? ¿Le crecerá después? ¿Se me* *caerá a mí? ¿Por qué ha querido mamá que esto sea así?...*" Una vez más la vida le enfrenta con enigmas para los que tiene que encontrar una explicación. Gran parte de su energía estará dedicada a la resolución de estos problemas que monopolizan su curiosidad e inauguran su deseo de investigar y saber. A partir de aquí, pero nunca antes, podrá ya percibir y reaccionar frente a otras muchas diferencias, ahora que ha descubierto que todos no son iguales a él (al contrario de lo que pensaba inicialmente).

Definitivamente, toda esta situación supone un intenso trabajo elaborativo para el que necesitará tiempo y contención por parte de los adultos que le rodean. Es fundamental prestar atención a su forma de ir viviendo todos estos procesos, ya que del modo en que lo haga dependerá en el futuro su manera particular de reaccionar y establecer relaciones con los demás.

"Cuando el bebé ya ha nacido ¿cómo hay que tratar al mayor? y ¿al bebé?".

En muchos casos tenemos oportunidad de ver cómo los padres que acaban de tener un segundo hijo reclaman del primero la responsabilidad de cuidarle y protegerle. Piensan que es bueno hacerlo así para que esto ayude al niño a sentirse partícipe de esta situación con ellos. Son muchas las ocasiones en que le recuerdan: *"Eres mayor y tienes que portarte bien para que él te vea y haga como tú"*.

Muchos adultos, al recordar su infancia, refieren lo abrumados que se sentían soportando este peso de encargarse de sus hermanos más pequeños. *"Jugábamos en la calle, pero nunca podía estar tranquila ni disfrutar del todo porque mi madre me encomendaba a mi hermano pequeño que no paraba de moverse ni un segundo"*. Algunos incluso viven la sensación de haber acortado su propia infancia como consecuencia de asumir este cometido.

Hay que procurar que cada niño tenga su vida, sus cosas, sus actividades y sus amigos del modo más independiente posible. Si el mayor o mayores manifiestan por propia iniciativa su deseo de ayudar, está bien que lo hagan, pero subrayando siempre que cada uno debe encargarse de sí mismo y que la responsabilidad de cuidarles a todos es de los papás. Si ellos cuando sean mayores desean tener hijos, ahí será cuando tengan que responsabilizarse.

Ser el mayor agrada al niño cuando puede verlo desde el punto de vista de las ventajas que él tiene, las cosas que es capaz de hacer, etc. Por eso, cuando recibe una invitación, debe aceptarla si le apetece y sin sentir que forma indefectiblemente un tándem con su hermano.

Conviene transmitir a los hijos con claridad que se tiene una relación propia con cada uno de ellos. Tanto si hay que regañarles como felicitarles, es preferible hacerlo por separado, y no como si fueran un bloque. Esto es más importante cuanta menos edad se lleven entre ellos, de otra manera podrían aparecer dificultades respecto de su identidad. Pero ellos mismos, a veces, establecen comparaciones y se ponen reivindicativos. Mejor que responder a su queja es verbalizar escueta y sencillamente este principio de dar a cada cual lo que se considera que necesita.

Respecto al pequeñín, son muchos los papás que reprimen sus efusiones afectivas por considerar que eso puede avivar los sentimientos celosos de su hermano. Adoptar esa postura suele generar situaciones en que el niño interprete, con o sin razón, que sus padres actúan a escondidas y, desbordando su fantasía, que están deseando que él se vaya para poder hacerle fiestas al niño. Por otro lado, no es saludable, ni responde a la realidad, supeditar tanto el modo de actuar a las reacciones del mayor.

Aunque le cueste trabajo, tiene que aceptar que sus padres quieren a ambos y pueden expresárselo a cada uno en momentos diferentes, igual que procuran satisfacerles atendiendo a lo que necesitan más que al criterio invariable de darles a todos lo mismo (que por otra parte no es más que una utopía). Le hará sentir contento que su papá le diga, por ejemplo: *"Ahora los hombres de esta casa vamos a hacer cosas juntos y vamos a dejar a mamá que se quede con el bebé"*. Estimularle a jugar con los niños de su edad también será un apoyo importante para él.

"¿Qué hacemos si se pone agresivo con el bebé?"

De ninguna manera hay que permitírselo. Hay que ser firmes en esto pero sin ponerse muy duros al reprenderle. Como en otras ocasiones, conviene llevarle aparte para hablar tranquilamente con él y decirle algo como lo siguiente: *"Comprendo que te sientas molesto y enfadado pero no te servirá de nada pegar al bebé. Tienes mucha fuerza y tu hermanita es muy débil como cuando tú eras pequeño. No voy a dejarte que le hagas daño"*. Actuar de esta forma representa un alivio para el propio niño ya que esto le ofrece la seguridad de que el adulto controlará los impulsos agresivos que él no es capaz de controlar y que le hacen sentirse tan culpable. No hay más que ver cómo se asustan algunos niños cuando sus hermanos pequeños se enferman o se hacen alguna herida, aunque haya sido sin su colaboración. Los sentimientos hostiles, que absolutamente todos tienen que tener, cuando aparecen, pueden hacer creer al niño que es muy malo y que cuando sus padres lo descubran dejarán de quererle y tendrán que castigarle.

CAPÍTULO CUARTO

El lugar que ocupa entre los hermanos

La familia es el primer círculo social en el que está inmerso el niño. En torno a ella se constituye la estructura más amplia que llamamos sociedad. Son los padres y los hijos los componentes nucleares de la misma, aunque también es importante considerar qué otros miembros forman parte de ella cuando queremos tener una idea global de la historia de una persona concreta. La interacción con sus hermanos ofrece al niño la primera ocasión de aprender a relacionarse. Durante los años que permanece en la casa paterna vivirá multitud de situaciones de todo orden en las que tendrá que saber desenvolverse si quiere estar preparado para su posterior vida independiente como adulto.

A medida que crezca, tendrá ocasión de ir perteneciendo a distintos grupos. En ellos tenderá a ubicarse del mismo modo en que ya lo hizo entre sus hermanos. Tenemos que insistir en la idea de que ese lazo afectivo, que además es el primero, deja una huella profunda y duradera, al mismo tiempo que condiciona las formas futuras de relacionarse. Todos desempeñamos un determinado papel: el bueno, la más lista, el complaciente... que parece corresponder al reparto que de ellos se hace en la familia a la que pertenecemos y que más tarde solemos repetir en la relación con otras personas a las que vamos conociendo. Los conflictos y las satisfacciones que le proporcionó la relación fraterna influirán, por tanto, decisivamente en su forma peculiar de afrontar experiencias en otros ámbitos grupales.

La socialización es precisamente uno de los objetivos educativos que la escuela pretende. Cuando el niño inicia su escolaridad, comienza para él este proceso que le sitúa frente a una realidad diferente (en ocasiones radicalmente diferente si es hijo único). Pertenecer a un grupo tiene sus ventajas, pero también supone pagar un precio. Ahora tiene que aprender a aceptar que sus deseos no siempre son compatibles con los de sus pares y que las relaciones humanas están basadas en el intercambio.

Los niños que tienen hermanos han tenido ya algo de entrenamiento en este toma y daca cuando llegan a la escuela. En ella asistimos, probablemente, a la primera repetición en un ámbito distinto de las relaciones familiares. La maestra y el grupo de iguales sustituyen ahora en sus papeles a los padres y hermanos del niño, como una obra teatral en que cambian los actores pero permanecen los personajes. La rivalidad, la competencia y los celos se desplazan ahora a este nuevo escenario pero tienen sus raíces en el ambiente familiar y, como en él, se compite por alcanzar el puesto privilegiado, esta vez en relación con sus maestros. El esforzado maratón por conseguir las mejores calificaciones constituye un buen ejemplo de este intento de agradar al adulto para tener el sitio preferente a su lado.

En relación con el orden específico dentro de la configuración familiar, podemos decir que cualquiera de los lugares que se ocupa entre los hermanos tiene, por sus características, una serie de ventajas y de inconvenientes. Ninguno de ellos puede entonces considerarse más favorable en términos generales. No obstante, algunos estudios psicológicos han dado una importancia destacable a este lugar que se ocupó como condicionante del propio carácter.

En cualquier caso, si lo consideramos desde la posición subjetiva de la persona que lo ocupa la sensación que suele tenerse más habitualmente es la de que *le tocó el peor*.

La observación sistemática de papeles que corresponde a cada uno de estos lugares nos permite caracterizar y generalizar algunas coincidencias. Veamos algunas de las más típicas:

El primogénito:

Ha disfrutado de algo que ya no será así para el resto de sus hermanos: ha sido único por un tiempo. Aunque también después recibe el duro golpe de perder su soberanía.

En él se depositaron todas las ilusiones sin estrenar de sus padres, todas sus expectativas. Esto, unido a la inseguridad que conlleva la inexperiencia, le supuso ser, probablemente, objeto de una mayor dedicación por parte de la familia en general.

Se le suele citar como modelo ante los hermanos menores (circunstancia que él mismo puede aprovechar en su propio beneficio) frente a los que detenta cierta autoridad. En ocasiones, incluso sustituirá a los padres cuando no estén.

Algunos autores sostienen que los hijos nacidos en primer lugar parecen tener más probabilidad de triunfar, argumentando que numerosos genios y personas excepcionales pertenecen a la categoría de primogénitos. Pero ser el más mayor puede suponer para él una gran sensación de responsabilidad en función de esas expectativas y de lo que se le pedirá que haga por sus hermanos. El deseo de responder siempre y en todo a dichas expectativas puede convertirse en una pesada carga.

Se espera de él que se convierta en guía de la educación de la casa, lo que puede llevarle a que madure demasiado rápidamente (y, por tanto, de forma inadecuada).

Podrá tener dificultades fuera del ámbito familiar para mantener y demostrar esa superioridad respecto a otros.

La impresión de encontrarse con la negativa de sus padres en cuestiones que, seguramente, les serán luego permitidas a los que les siguen (quizás como resultado de su propia insistencia), le hará sentirse víctima de la injusticia.

La llegada de su primer hermano, después de haber sido *el rey de la casa*, le sume en una situación dolorosa y difícil, de la que sólo podrá salir con el apoyo y la comprensión de sus padres. En cuanto a los nacimientos sucesivos, si se diese el caso, si bien es cierto que no los vivirá con esa intensidad, pueden despertar en él los sentimientos celosos nuevamente, por lo que será buena idea prestarle atención antes de dar por hecho que los tiene superados.

El mediano:

A pesar de lo que comentábamos antes, tal vez esta posición sí entrañe una dificultad especial. A veces el hijo mediano es demasiado mayor para estar con los pequeños y demasiado pequeño para estar con los mayores.

Inicialmente puede disputarle al mayor su superioridad y, por otra parte, tenerle como modelo al que imitar podría dar lugar a la aparición de inseguridades y complejos que ensombrecerían su crecimiento, repercutiendo incluso en su vida adulta.

Puede tener con más frecuencia el sentimiento de que se juzga con arbitrariedad su madurez: *"Tú todavía no puedes hacer eso, cuando seas más mayor"* frente a *"Cómo se te ocurre una cosa así con lo grande que eres ya"*. Simultáneamente se le pide que sea más adulto y se le recuerda lo infantil que es aún. Cuando se decide a jugar con los más pequeños, será a él a quien se le pidan responsabilidades si sucede algún incidente.

Sin embargo, también hay que decir que, sobre todo si pertenece a una familia numerosa, suele tener gran facilidad para adaptarse al colegio y gozar del éxito social, haciendo gala de una soltura de la que posiblemente no dispone su hermano mayor.

El benjamín:

Con frecuencia el último de la familia tiene fama de ser el mimado entre los hermanos. A él se le consienten cosas que nunca se le permitieron a sus hermanos más mayores. Lejos de constituir un beneficio, éstas y otras circunstancias suponen para él un riesgo: el de estar peor preparado para vivir.

Dada la situación de dependencia de sus hermanos en la que se le suele colocar, puede resultarle mucho más difícil adquirir autonomía y alcanzar su mayoría de edad. Parece que a ellos afecta más que a ninguno el mandato paterno (consciente o inconsciente) de continuar siendo niño el mayor tiempo posible. Habitualmente es a ellos a quienes se les conserva el diminutivo del nombre, por un tiempo que puede prolongarse bastante más de lo que sería adecuado por su edad.

Habrá algunas actividades que él querrá compartir con los mayores y para las que no obtendrá el permiso paterno, bien por ser real que no tenga las mismas capacidades, o bien porque, sin serlo, encuentre resistencias para que sus papás puedan admitirlo.

Tendrá que soportar en su posición de novato las bromas y los abusos de los mayores, que aprovecharán ocasionalmente su superioridad, tal vez para encontrar salida al malestar y la envidia que experimentan respecto a él.

Si la diferencia de edad entre sus hermanos y él es grande, puede tener la sensación de ser *el descolgado, el que ya no esperaba nadie;* además de que recaiga sobre él la sobreprotección tanto de sus padres como de sus hermanos, que tenderán a comportarse como tales.

Suele achacarse al benjamín ser testarudo, inseguro e inestable. Ser conscientes de lo inadecuada que puede ser la forma de tratarle y procurar percibirle de manera más realista serán medidas muy favorables para apoyarle.

El hijo único:

Hasta hace unos años, tal vez porque era un caso menos frecuente que ahora, se tendía a pensar que ser hijo único incluía toda una serie de características negativas como ser caprichoso, débil o egoísta. En numerosas ocasiones se hablaba incluso del *síndrome del hijo único* como forma de dar por sentadas muchas cosas.

Verdaderamente, sus circunstancias particulares le hacen depositario de la dedicación, protección y cariño de sus padres a tiempo completo (en lo que a los hijos se refiere), por lo que no es extraño que pueda sentirse privilegiado siendo el centro de atención de la familia.

Pero, como decíamos, todo tiene sus ventajas y sus inconvenientes, ya que en el caso del hijo único es más habitual desarrollar una dependencia mayor respecto de sus papás, que costará más tiempo y esfuerzo disolver. Por otra parte, conviene no olvidar que tener hermanos es estupendo, aun cuando esto no se perciba con total claridad al principio. El niño que no tiene hermanos queda privado de todas las gratificaciones que conlleva esa situación: los juegos, la complicidad frente a los padres, el reparto de responsabilidades y también algo muy importante: no está situado permanentemente en el punto de mira de papá y mamá.

Sería lógico pensar que los hijos únicos no experimentan celos fraternos, dado que no tienen de quién. Sin embargo, esto no es así. Viven y sufren por esos sentimientos como lo hacen otros niños. Todos tienen mucho miedo de perder el amor de sus padres; hacer o decir cosas que hagan enfadar, que molesten, que induzcan a que se los deje de querer: ¿quién va a querer a un niño malo? Estas ideas habitan las cabecitas infantiles, tanto si tienen hermanos como si no. Por eso, una niña que no tiene hermanos estará celosa de una amiguita suya o simplemente de la imagen que ella misma se hace de la niña que encajaría mejor que ella con el deseo de sus padres.

OPINIONES Y PREGUNTAS DE LOS PADRES

"En las peleas y discusiones que surgen entre hermanos ¿cómo tenemos que intervenir los padres?".

De la misma manera que hemos dicho que los celos son completamente normales en la convivencia entre hermanos, ahora tenemos que añadir que también las peleas, las discusiones y, en general, las manifestaciones agresivas lo son. Es casi imposible encontrar una familia en la que los niños no se peguen, se chillen, se peleen por hacer cosas. No hay más que recordar lo que pasaba en casa cuando erais pequeños.

Para un adulto resulta muy molesto, y también muy agotador, asistir a esta forma de relacionarse de los niños. Tenemos la impresión de que no hacen otra cosa en todo el día: *"En cuanto están juntos se ponen a pelear"*, y es difícil conservar la calma frente a tanto grito. Cualquier motivo, por pequeñísimo que sea, es suficiente para desencadenar todo un drama entre ellos: *"Basta con que uno mire al otro de determinada manera para que tengan la gorda"*.

Todo contacto entre personas, aunque sean adultas, supone que haya roces y fricciones, especialmente cuando esas personas tienen que compartir espacios, objetos y atenciones por parte de otros. Sobre todo si la diferencia de edad entre los hermanos no es muy grande, estos conflictos aparecerán con frecuencia y, como decimos, sin que sean necesarias razones de peso. También es verdad que, aquí como en otras ocasiones, las apariencias engañan, y es posible que más allá de lo expresado como causa del conflicto, podamos encontrar motivos más profundos y encubiertos, verdaderos causantes de la desavenencia.

Independientemente de lo que se ponga en juego en cada una de las situaciones, acertamos plenamente al pensar que lo que siempre estará a la base del conflicto fraterno será la pugna por acaparar el cariño de los padres. En este sentido, cuanto más celosos se sientan los hermanos entre ellos, más tendencia tendrán a discutir y pelear, aunque no aludan claramente a los sentimientos que les llevan a agredirse una y otra vez.

Siempre que sea posible, que sus diferencias no lleven a consecuencias graves, es bueno dejar que lo solucionen entre ellos. Es importante que aprendan a resolver por sí solos los conflictos para que después hagan lo mismo fuera del medio familiar. Únicamente será preciso intervenir si el daño que pueden hacerse es grande. En este caso, conviene poner en palabras lo que se les está viendo hacer para ayudarles a tomar conciencia de sus actos (como si lo vieran desde fuera) y, por supuesto, expresar con firmeza que no se les permitirá tratarse de esa forma. Si esto lo hacemos desde el convencimiento, tranquilizará mucho a los niños, ya que encontrarán en el adulto la protección que necesitan, tanto frente a la violencia ajena como respecto a la propia.

También es importante, en la medida de lo posible, no proceder injustamente. A veces, sin haber estado presentes, es difícil saber quién tiene razón, por lo que habrá que escuchar ambas versiones de los hechos, dejando tiempo a cada uno para que hable, sin aventurar hipótesis de quién ha sido el que empezó. En coherencia con esto, conviene que sean ellos mismos los que piensen la forma más equitativa de zanjar la cuestión. Recordemos que no siempre es víctima quien lo parece: *"Le pincha insistentemente, hasta que le hace saltar"*.

Como en el resto de las cuestiones, el modelo del adulto es fundamental para los niños. En este sentido puede ayudar mucho la reflexión acerca de lo que suele ocurrir cuando la divergencia es entre los papás: ¿quién se pone más dominante? ¿con quién se estará identificando la niña? Por último, y en relación con lo anterior, es importante hacerles ver que pueden expresarse verbalmente, discutir y mostrar sus desacuerdos sin necesidad de llegar a pegarse.

"¿Y cuando se pelean por los juguetes? ¿Qué podemos hacer?".

Empecemos diciendo que ciertamente pueden pelear por los objetos, aunque tengan dos ejemplares exactamente iguales de cada uno. Es otra característica humana: desear lo que el otro desea.

La mayoría de los padres quieren enseñar a sus hijos a compartir y a ser generosos, con tanto empeño, que pueden olvidar cosas como esta y exigir prematuramente que los niños hagan algo para lo que no están preparados. Mostrarse desprendido y ofrecer lo que se tiene a los demás es la meta de todo un proceso que ha tenido que realizarse poco a poco y con la satisfacción de un logro personal. La generosidad consiste en el placer de darle al otro porque así se ha decidido. Si el niño comparte, no porque quiere sino para evitar el enfado de su madre, no aprende a ser generoso.

Para todas las personas la propiedad privada es algo muy importante, así que no es nada extraño aprender desde pequeño la obligación de respetarla y el derecho de tenerla. En algunas ocasiones pedimos demasiado de los hermanos mayores cuando les decimos *"anda, déjaselo, que es más pequeño que tú"*; o cuando les ponemos en la situación de aguantarse si sus cosas han terminado por romperse. Por eso, en caso de conflicto, la decisión final debería corresponderle al dueño del juguete. Esto no es incompatible con que los padres insistan en hacer ver a sus hijos lo gratificante que resulta el intercambio y el prestar cosas a otros.

En relación con todo ello, incluimos a continuación el testimonio de varias madres:

Una de ellas escribe:

"Tengo un hijo de cuatro años y una hija de dos años y medio. El término celos entre hermanos no alcanza a describir lo que sucede en mi casa; "guerra civil" es la expresión más adecuada. Mis hijos no consiguen llevarse bien más de cinco minutos antes de que comiencen los pellizcos, los puñetazos, las patadas y los mordiscos. Lo he intentado todo: separarlos durante breves periodos, quitarles los juguetes, darles recompensas especiales, hablarles, pedirles que dibujen sus sentimientos y, aunque no sea algo que hago de buen grado, darles azotes. No puedo más con toda esa inquietud y rabia ¿ qué puedo hacer?".

Otras madres han respondido:

"Tienes toda mi comprensión, es muy difícil ver a los hijos, que tanto queremos, hacerse daño. Hasta hace algunos meses las luchas entre mis dos niños habían llegado al tope. Todas las mañanas temía que alguno se hubiera hecho daño, dado que a veces mis hijos se arañaban, se daban puñetazos, patadas y se lanzaban objetos. Necesitábamos trabajar seriamente sobre este problema.

Ahora, aunque todavía hay algunas batallas, ha habido una enorme mejoría; tanto la frecuencia como la duración de sus luchas ha disminuido. He aquí algunas ideas que a nosotros nos han funcionado.

En primer lugar, examiné mis métodos para solucionar conflictos y determiné hasta qué punto no era un modelo ideal en el modo en que me enfrentaba a los desacuerdos. En segundo lugar, dejé de lado ciertas esperanzas irracionales y acepté el hecho de que dos hermanos no se llevarán siempre bien. Me ayudó acordarme de cómo mi hermano y yo nos peleábamos cuando éramos pequeños; sólo más tarde hemos llegado a ser buenos amigos.

Después establecí unas prioridades. La seguridad era la número uno, lo que a veces significaba interponerme entre ambos y separarles. Los objetos potencialmente peligrosos que podían ser utilizados para hacer daño a alguno tenían que ser inmediatamente eliminados. Mi objetivo principal era ayudar a mis hijos a vivir juntos con un mínimo de paz y armonía. A menudo esto significaba posponer cosas como los trabajos domésticos o llamadas telefónicas, porque mi presencia y mi rápida intervención podían evitar unas cuantas batallas cuando empezaban a enfadarse. Los niños pequeños comunican físicamente muy a menudo y tienen poco autocontrol. Tuve que asumir un papel activo en la resolución del conflicto.

Los castigos nunca nos funcionaron. Dar azotes provoca únicamente más rabia y sentimientos negativos. Enseñar las bases -no pegar, compartir, tener turnos, etc.- fue más eficaz. Otras estrategias incluyen enseñar a los niños palabras con las que expresar sus sentimientos, y enseñarles otros modos aceptables de desfogar la rabia, como dar puñetazos a los cojines o dar patadas al balón. Cuanto más verbales se hacían mis hijos, la expresión física de sus sentimientos tendía a disminuir. Fue útil tenerlos ocupados con actividades que les gustaban, especialmente al aire libre. Descubrí que un poco de tiempo el uno con el otro, hacía milagros. Esto se conseguía más fácilmente cuando mi marido estaba en casa. Aún más importante es concentrarte en sus mejores cualidades siempre que puedas.

Todo esto exige mucho tiempo y motivación, pero merece la pena. Llevarse bien con los demás es una capacidad que todos los niños necesitarán durante toda la vida".

"Siempre trato de no entrometerme en sus problemas. Lo importante es hacerlo de modo que hablen entre ellos y no a través de mí.

Puede ser útil determinar si hay una hora o situación particular en la que empeora la capacidad de mis hijos de llevarse bien. Si se da, algún cambio podría interrumpir esta cadena. Un paseo o un juego estructurado para distraerles y animarles a la cooperación. Un momento habitual durante el día en que cada uno hace un trabajillo simple en casa puede evidenciar cómo trabajamos bien juntos".

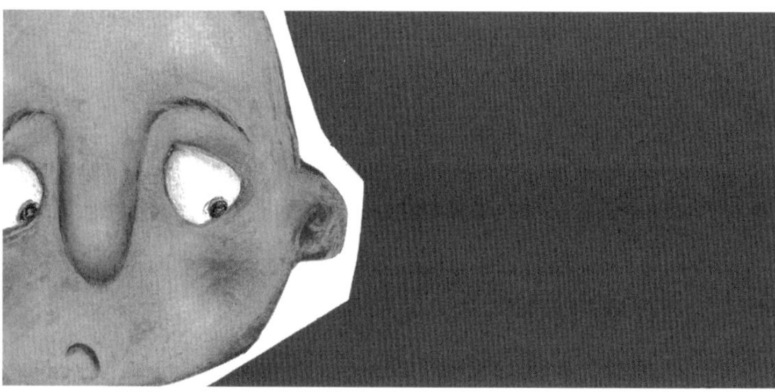

CAPÍTULO QUINTO

Los hermanos gemelos

De todas las posibles relaciones que se establecen entre los hermanos, ésta, por sus características peculiares, merece un capítulo aparte. Quizás por ser menos habitual, o también porque en ella se materializa en parte esa fantasía universal de tener un doble, de ser idéntico a otro, esta circunstancia suscita entre los padres y educadores muchísimas preguntas. Aparecen también maneras de abordar la situación que, aunque están muy extendidas, no siempre resultan acertadas, y conviene cuestionarlas aportando algunos datos teóricos que ayuden a situarse frente al tema.

Vamos a partir de algunos ejemplos que pueden representar formas habituales de actuar con los gemelos:

- Vestirles exactamente igual (con ligeras variaciones si son de distinto sexo).
- Referirse a ellos como " los gemelos" en vez de utilizar sus nombres propios.
- Reñir o felicitar a ambos por algo que hizo sólo uno de ellos.
- Estimularles para pertenecer al mismo grupo de amigos o para apuntarse a las mismas actividades.

También desde un enfoque opuesto:

- Procurar que en el colegio no vayan a la misma clase.
- Intentar que no compartan objetos y situaciones aun en contra de su voluntad.

Seguramente en varias ocasiones hemos sido testigos de alguno de estos modos de hacer que, sin saber muy bien por qué, se repiten de una familia a otra. Parece que no siempre hay una argumentación o razones muy conscientes para hacer las cosas de esta manera, pero lo cierto es que así suelen ser. Intentemos ahora entender un poco mejor qué supone para un niño o una niña ser mellizo o gemelo de otro. Después de repasar estos datos va a ser más fácil hacerse una idea de cuáles de estas formas de proceder habría que procurar evitar.

Empecemos por el principio: la fecundación. Según hayan sido las circunstancias de la misma, podemos hablar de Gemelos idénticos o de Mellizos.

Los primeros (gemelos monocigóticos) proceden de un solo óvulo fecundado por un solo espermatozoide. Este huevo duplica su material genético y se separa en dos partes iguales que crecerán por separado dando lugar a dos bebés. Los niños tienen el mismo sexo. Por lo general comparten la misma placenta (aunque hay casos en que no es así).

Los segundos (gemelos dicigóticos) proceden de dos óvulos que han sido fecundados por dos espermatozoides. Tienen material genético distinto; placentas y bolsas separadas. Pueden ser de sexo diferente y no parecerse físicamente más de lo que se parecen a otros hermanos.

Durante la gestación hay determinados síntomas que pueden darse de forma más acusada que cuando se espera un solo hijo; por ejemplo: las náuseas y los vómitos pueden ser más frecuentes y prolongados, la ubicación de los bebés puede ser oblicua, los cordones umbilicales pueden situarse por delante de los niños... Todas estas circunstancias hacen especialmente importante la vigilancia médica, así como conocer desde el comienzo del embarazo las peculiaridades que supone la gemelaridad. También conviene estar prevenido ante la posibilidad de un parto prematuro, ya que algunas veces puede ocurrir. (En todo caso, esto sólo supondría complicaciones más serias si se diera por debajo de las 34 semanas de gestación).

La frecuencia de embarazos múltiples ha aumentado mucho en los últimos años como consecuencia de las técnicas de reproducción asistida, y, por tanto, ya no resulta un hecho tan fuera de lo común. De todas formas, cuando una pareja recibe la noticia de que tendrá gemelos, necesitará un "tiempo extra" para hacerse a la idea, afrontar sus dudas y calmar sus temores. Aun cuando el embarazo haya sido muy deseado, no suele desearse de antemano tener gemelos, por lo que son muy variados los sentimientos que pueden aparecer y no todos ellos de signo positivo. Es lógico y normal que al principio ocurra así si tenemos en cuenta que esta noticia puede romper los esquemas de la pareja, alterar sus planes o agravar sus preocupaciones (económicas por ejemplo). Por eso es importante admitir que, inicialmente, se den la contrariedad o el rechazo, sin tener que sentirse culpables por ello. Los meses del embarazo darán la oportunidad de prepararse para la llegada de los niños y de pensar con qué apoyos se contará cuando llegue el momento. Es importante evitar que la fatiga, la falta de sueño o el sobreesfuerzo generalizado que acompaña a este tipo de situación, impidan disfrutar de lo que, sin duda, es también una experiencia muy placentera.

Pero también desde el punto de vista psíquico (o afectivo si se prefiere) la gestación y el nacimiento de estos niños están llenos de particularidades; por ejemplo:

- Durante la gestación el gemelo no tiene una relación exclusiva con su madre, no está solo en el vientre materno como los otros niños. Está ligado a su madre y a su hermano.
- Los pensamientos, las fantasías y las sensaciones maternas en este embarazo ¿son las mismas? ¿se puede pensar en dos bebés? y ¿en dos diferentes? ¿afectará esto de algún modo a los niños?
- Tampoco está solo en el momento del nacimiento.
- Cuando comienza a emitir sus primeros balbuceos, escucha en eco los de su hermano.
- Desde el principio comparte la atención con el otro. Su mamá corre a satisfacer las necesidades de ambos, pero por más que corra no puede hacerlo con la misma rapidez que si se tratara de uno solo.

Todas estas circunstancias que vamos enumerando forman parte de la historia personal del niño. Inciden de forma decisiva en el desarrollo de su personalidad y tamizan su relación con el mundo.

Cualquier niño, para alcanzar la individuación y sentirse verdaderamente un sujeto, tiene que ir atravesando una serie de momentos vitales en los que se sucederán distintos fenómenos psíquicos, destinados a responder a esas situaciones. Hablábamos antes de la confusión con su madre como el primero de esos momentos. La identidad del niño sería el combate entre ese deseo de fusión con otro y el deseo de separarse como única posibilidad de ser un individuo. Estos procesos pueden resultar más difíciles en el caso de los gemelos, ya que ese deseo primero de fusión puede cobrar mayor intensidad, y ello suele suponer una relación intensa, estrecha y compleja entre los hermanos.

Podemos señalar una serie de características del vínculo gemelar que están presentes en la mayoría de los casos:

- Dificultad (incluso imposibilidad en los casos más extremos) de diferenciación y separación de ambos hermanos. En ocasiones resulta llamativo encontrar parejas de gemelos que incluso de adultos siguen vistiéndose igual o manteniendo una vinculación tan estrecha que acaba resultando incompatible con la elección de otra persona con la que poder establecer una relación.
- El amor incondicional entre ellos prevalece, al menos en lo manifiesto, aunque la rivalidad y los celos están también presentes en su relación.
- Suelen tener características psicológicas opuestas (complementarias).Intentan diferenciarse el uno del otro. Es peligroso parecerse, ya que podrían confundirse.
- Relación de dominancia-sumisión. Frecuentemente uno de ellos depende más del otro, en tanto el segundo ocupa el lugar de líder (dialéctica del amo y el esclavo).
- Compiten entre ellos. La rivalidad es muy grande aun cuando suele pasar desapercibida hasta la pubertad.
- Se comunican más fácilmente entre ellos que, por ejemplo, con el resto de sus hermanos, pudiendo desarrollar

incluso un lenguaje propio que otros no comprenden (el lenguaje de gemelos).

- Con frecuencia, en la práctica clínica observamos que uno de ellos se retrasa respecto del otro: en distintos aprendizajes, en su conducta...

Tanto la cantidad de tiempo y experiencias compartidas como la semejanza física, verdadera imagen especular, dan cuenta de lo complicado que resulta en este caso diferenciarse y separarse del hermano. La identificación es un mecanismo psíquico muy importante en un primer momento, pero sólo será posible relacionarse y querer a otras personas si, pasado ese momento, pueden separarse y tener cada uno su propio lugar. Permanecer por mucho tiempo en la relación simbiótica impediría la separación y, por tanto, la constitución de la identidad. (Ifergan y Etienne sostienen que: *"después de haber visto cortado el cordón umbilical que lo unía a su madre, el gemelo deberá también romper el que le une a su doble").*

En relación con esto último, es importante añadir que el intento de separación, que como vemos resulta deseable, supondrá, sin embargo, hacer frente a un intenso sentimiento de culpabilidad.

Seguro que después de este pequeño recorrido resulta más sencillo hacerse una idea de qué tipo de actuaciones resultan más adecuadas y cuáles conviene evitar. Además de vuestra reflexión al respecto, podéis considerar estas sugerencias:

Actuaciones que ayudan:

- Reconocer desde el principio que son dos seres independientes.

- Llamar a cada uno por su nombre (facilita las cosas que sean fonéticamente distintos y evitar las rimas).
- Intentar estar atentos a sus diferencias individuales.
- Reprender o alabar únicamente al que le corresponda en cada situación.
- Dar a cada uno sus propias cosas: ropa, objetos, juguetes.
- Celebrar su cumpleaños de forma independiente (aunque sea el mismo día, que cada uno tenga su regalo, su tarta, etc.).
- Ofrecer a cada uno distintas actividades, salidas con amigos...
- Dedicar tiempo a estar con cada uno por separado.
- Posibilitar que compartan sus juegos con otros niños.

Actuaciones que no ayudan:

- Referirse a ellos como "los gemelos".
- Vestirlos habitualmente de la misma manera. Intercambiar su ropa.
- Intentar mantenerlos inseparables.
- Relacionarse con ellos como si fueran uno solo.
- Hacer responsable a uno de lo que haya hecho el otro.
- Fomentar que compitan entre ellos. Compararles.

En definitiva, conviene recordar la regla de la que hablábamos en un capítulo anterior: dar a cada hijo en función de sus necesidades, más que dar a todos lo mismo. Debemos recordar que lo fundamental es que cada niño encuentre en sus padres el apoyo que necesite para conseguir ser autónomo.

A continuación facilitamos una serie de indicadores que pueden observarse si se quiere tener una idea del grado de individualización que van alcanzando (desde la primera infancia en adelante):

- No llora simultáneamente a su hermano.
- Su seguridad la encuentra en su madre o su padre y no en el otro.
- Sabe distinguir su propia imagen (en el espejo) de la de su gemelo.
- No responde al nombre de su hermano.
- No suelen alterarse ambos a la vez.
- No hablan en "lenguaje de gemelos".
- Cada uno tiene amigos y actividades propias.
- Les gusta vestirse distinto casi siempre.
- No están celosos en exceso de los amigos del otro.
- No tienen miedo de separarse por las noches.
- Aceptan si les toca ir a clases separadas.

OPINIONES Y PREGUNTAS DE LOS PADRES

¿Conviene que los padres estimulen a sus gemelos a permanecer juntos o, por el contrario, deben separarles?

La búsqueda de la propia identidad suele ser un poco más difícil cuando se es gemelo de otro. Sentirse como "dobles" físicamente añade complejidad al proceso identificatorio. Es fundamental que, desde su nacimiento (por no decir desde antes del mismo), se les reconozca como seres independientes, para que ellos mismos puedan irse viendo así. Hemos visto que, aunque parezcan iguales, sus características psíquicas son bastante diferentes, y necesitan ser conscientes de estas diferencias para tener un desarrollo saludable.

A todos los niños les gusta sentir que son únicos y que se les quiere por lo que son. En esta circunstancia es doblemente importante que los papás puedan hacérselo sentir de este modo, para que no sientan que son sólo la mitad de un bloque al que deben permanecer pegados indefinidamente.

En ocasiones, parece que son ellos mismos los que tienden a seguir unidos. En este caso no se trataría tanto de forzar su separación sin más, como de transmitirles que cada uno de ellos tiene su propio lugar, tanto en la cabeza como en el corazón de sus padres. Esto es todo lo que necesitarán para crecer de forma independiente.

¿Es bueno vestirles igual o sería mejor no hacerlo?

Ciertamente que es éste un hábito muy extendido pero que no ayuda nada a su diferenciación; todo lo contrario. Llevar ropa diferente es, en el caso de gemelos idénticos, la única posibilidad que tienen de que otras personas los diferencien. Por otra parte, con un gesto aparentemente tan inocente como éste, pueden estar percibiendo lo que tomarían como el deseo paterno de que permanezcan así, sin diferenciarse.

No obstante, es una práctica común entre hermanos que utilizan tallas parecidas intercambiar algunas prendas entre ellos. No tiene por qué representar ningún problema que puedan hacerlo si a ellos les apetece.

Respecto al colegio: ¿conviene que vayan a clases distintas?

Generalmente, que asistan por separado a dos aulas contribuye a que comprendan que cada uno tiene su sitio, así como a que se relacionen con otros iguales, en vez de permanecer en la relación endogámica con su hermano. Cuando estamos ante un ejemplo de lo que hemos llamado "la dialéctica del amo y el esclavo" es preferible que ambos tengan la posibilidad de estar independientes durante las horas de la jornada escolar. Sin embargo, para tomar esta decisión, como para cada una de las que haya que ir tomando, se deberá analizar uno a uno el caso concreto del que se trate. Si las características psicológicas de ambos son suficientemente distintas, no habría ningún inconveniente en que cursasen juntos su escolaridad, si tuviese que ser así o así lo deseasen ellos.

¿Hay que regalar juguetes dobles a los mellizos?

Como en el caso de cualquier niño, con la cuestión de los regalos se trata de intentar complacer y darle la posibilidad de que compruebe que sabemos lo que más le gusta porque le prestamos atención. Por tanto, si desean el mismo juguete no hay razón para no regalárselo, aunque, por otra parte, no conviene convertir esto en un principio general de actuación.

Cuando se trata de mellizos de sexo diferente ¿suelen tener más dificultades con la diferenciación sexual?

Algunas veces puede ocurrir que las semejanzas entre ambos, como ya hemos comentado repetidamente, hagan más difícil que se perciban las diferencias. Por otra parte, a todos los niños les lleva tiempo (entorno a dos años o dos y medio) situarse frente a esta percepción. Incluso cuando desde su nacimiento han tenido la posibilidad de observar desnudo a un niño del sexo contrario, es a partir de esa edad que miran y ven esa diferencia. Este momento, que marca siempre un hito en su desarrollo, enfrenta a cada uno a la realidad de no poder serlo todo: niño y niña, mujer y hombre, sino que el hecho de pertenecer a uno de los géneros hace imposible la pertenencia al otro (experiencia que el crío vivirá con frustración si tenemos en cuenta esa fantasía suya de poderlo ser todo).

Hablarles de las diferencias entre ellos y de que tienen dos destinos diferentes: ser hombre, ser mujer, como lo son su padre y su madre, hará más fácil su identificación con su propio sexo.

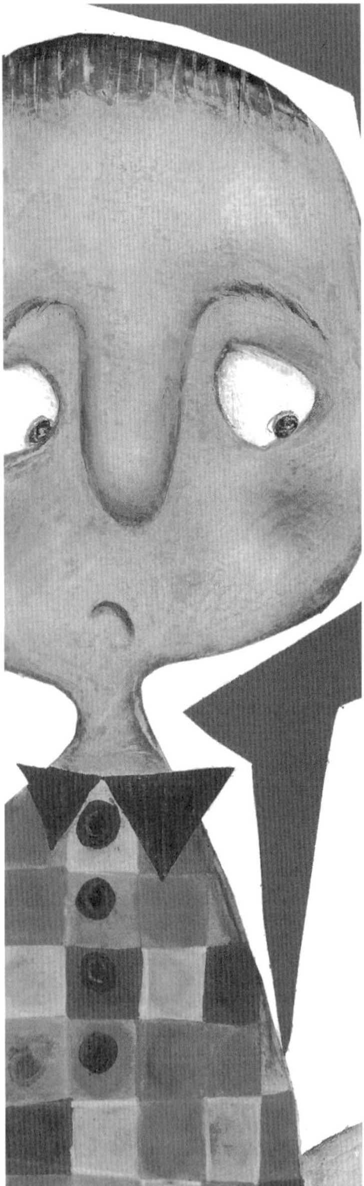

CAPÍTULO SEXTO

Actitudes de los padres ante los celos fraternos

Como conclusión general de lo expuesto hasta aquí, podemos decir que la situación conflictiva de los celos apunta directamente a la relación afectiva del niño con sus padres, que éste siente en peligro como consecuencia de la llegada de su o sus hermanos. Todos los papás saben que esto es así y, precisamente por eso, se preguntan si ellos pueden hacer algo para tranquilizar a sus hijos. En concreto, en las conversaciones entre ellos mismos y en sus consultas a profesionales, se plantean sobre todo lo que conviene evitar para no incrementar innecesariamente el sufrimiento de sus hijos.

La información aportada en las páginas que preceden tiene la pretensión de ampliar el conocimiento de las familias respecto del origen y naturaleza de estos sentimientos, en la idea de que los papás puedan después hacer su reflexión personal al respecto. Es en el contexto particular de cada familia y en la relación concreta de cada niño con sus papás y hermanos donde hay que estudiar lo que conviene hacer y lo que no, para ayudarle a superar estas pequeñas crisis. En este sentido, resulta poco eficaz, a la vez que bastante ingenuo, pensar en soluciones estándar, válidas para todos los casos. Sin embargo, son muchos los padres que insisten en el beneficio que tiene para ellos conocer la manera de manejar las situaciones que otras familias tienen. Ver las cosas desde fuera, aunque se trate en ocasiones de las mismas circunstancias que uno está viviendo, permite hacer un análisis sobre ellas que no siempre puede hacerse inmerso en la propia experiencia personal. Con los casos prácticos que se exponen a continuación, queremos ofrecer esta posibilidad de distanciamiento que hará sin duda que se perciba claramente qué modo de actuar es adecuado y cuál convendría evitar para no agravar más las cosas.

En la misma línea cerraremos el capítulo, aportando de una forma ya más concreta algunas sugerencias específicas de actitudes que podéis considerar y sobre las que podéis debatir, en el deseo de contribuir con ellas a que os forméis vuestro propio criterio.

No es posible pensar que el conocimiento teórico sea suficiente para conducir la difícil tarea de educar. En la mayoría de los casos el quid de la cuestión radica sobre todo en analizar los propios sentimientos y vivencias (tanto las que se tienen como padre o madre, como las que se experimentan como hijos de otros). Se trata fundamentalmente de pensar en lo que cada uno puede hacer siendo quien es, más que en lo que cree que harían unos padres utópicos. A esta reflexión y análisis os animamos sinceramente.

"Desde que tuvimos al bebé hace cinco meses, nuestra hija de tres años tiene un comportamiento diferente al que tenía antes. Siempre ha sido una niña muy alegre que disfrutaba de cada cosa que hacía: los juegos, las salidas con nosotros, ir a casa de sus primos.

Ahora está muy irascible, se irrita con facilidad, llora por todo y se pone muy cabezota.

Me preocupa que la llegada de su hermano pueda cambiar su carácter, sería una pena porque ha sido una niña tan buena.

Nosotros intentamos no hacer demasiado caso al bebé cuando ella está delante, para que no sufra, y también le decimos que ser pequeño es un rollo para que se anime un poco.

Cuando voy a darle el biberón al niño se pone muy exigente, trata de llamar mi atención haciendo lo que sea, por eso siempre que puedo procuro que se lo de otra persona y quedarme yo con ella.

Yo sabía que a ella le iba a costar un poco hacerse a la idea porque ha estado muy unida a mí, pero no imaginaba que le pudiera afectar tanto. Quizás teníamos que haber esperado a que creciera un poco. No sabemos qué hacer y yo me siento culpable".

"Hemos asistido a varias reuniones en las que se ha abordado esta cuestión de los celos. A mí me parece que no es un asunto tan complicado y que no hay que darle tanta importancia porque luego es peor. Un niño se da cuenta enseguida de que sus padres están intranquilos y se aprovecha de la situación para manipularles. Todos hemos pasado por eso en la vida y no creo que hayamos tenido ningún trauma.

Con la edad que tiene ya sabe que hay una serie de cosas que yo no le voy a permitir. Su madre le consiente demasiado y se pone muy blanda con él. Yo le digo que exagera y que lo que tenemos que hacer es eso, no darle importancia y no estar pendientes del niño porque entonces estamos perdidos".

"Yo pienso que para los niños las cosas son más fáciles cuando nosotros los padres sabemos de antemano qué puede pasar, cómo lo viven ellos, qué imaginan y qué cosas son las que les

dan miedo de esa situación. Cuando yo era pequeño tenía también celos de mi hermano. Bueno, yo entonces no lo sabía, pero ahora me doy cuenta. Me acuerdo que me daba mucha rabia cuando mi madre me preguntaba: "¿A que estás contento con tu hermanito? Tienes que quererle mucho". Cuando pasa el tiempo te alegras pero al principio creo que es normal que a todos los niños les cueste porque ellos no saben lo bueno que es después.

Desde luego a mi hija no le voy a decir que tiene que querer a su hermana. No quieres a alguien porque te lo digan".

"A mí sí me parece que se pasa fatal, sobre todo al principio. Creo que aunque se lo hayas dicho, que nosotros al niño se lo dijimos, ellos no se hacen una idea de lo que es hasta que no lo ven. Toda su vida cambia, también la rutina, a lo que están acostumbrados.

Por eso, la verdad es que cuando se pone un poco bruto o pega alguna vez a su hermanito, a veces nos hacemos los despistados, como si no le hubiéramos visto, para no tener que regañarle y que le coja más manía al chiquitín".

"Desde luego mi hija no disimula para nada los celos que tiene de su hermano. Me dice que no le quiere y que yo le prefiero a él y le quiero más que a ella. Yo le digo que eso no es verdad, que a ella puede parecerle que es así porque ahora yo le dedico más tiempo pero que eso es porque aún es muy pequeño y no puede hacer nada él solo, como le pasó a ella cuando era bebé. También le digo que si quiere puede ayudarme con el niño y así tenemos más tiempo y estamos todos juntos".

"A veces es difícil porque, si te pones en su punto de vista, te das cuenta de que cada uno lo vive de una manera y no sabes muy bien qué debes hacer para acertar. Tenemos dos hijos de

siete y cinco años. Suele ocurrir que el mayor quiera ir a casa de un amigo y entonces el pequeño quiere ir con él, se pone a llorar... El otro dice que de eso nada, que le han invitado a él y que no va a llevarse a su hermano.

A nosotros nos parece que aunque el pequeño proteste y tenga una rabieta, el mayor tiene razón. Cada uno tiene derecho a relacionarse con sus amigos y no les puedes imponer que estén juntos. Somos los padres los que tenemos que asumir la responsabilidad de encargarnos de ellos y, bueno, es cierto que resulta muy cómodo cuando ya se entretienen solos y los mayores se hacen cargo de los pequeños, pero no es justo exigirles que lo hagan, aunque se les pueda pedir alguna vez".

Actitudes que ayudan:

- Reconocer el sentimiento celoso del niño como algo natural, que se da siempre y hace sufrir, sea cual sea el modo específico de manifestarlo. Se trataría de acoger más que razonar con el niño. Tener presente que sus posibilidades de dominarlo van a desarrollarse lentamente ya que este asunto tiene una profunda raíz emocional.

- Ser tolerante con las pequeñas regresiones que hemos visto que pueden aparecer (volver al chupete, pedir biberón, etc.), teniendo en cuenta que son pasajeras y desaparecerán una vez que el niño pueda asimilar lo que está pasando y adaptarse a la situación.

- Dar al niño la oportunidad de expresar su malestar, aunque limitando su actuación si se considera que puede entrañar algún peligro para el bebé. No se trata de regañar al niño y enfadarse con él sino de decirle con autoridad: *"No voy a permitirte que hagas eso"*. Recordemos que esto acabará con el temor de no poder controlar los propios impulsos violentos.

- Contarle al niño cómo se vivieron de pequeños las relaciones con los hermanos (si se tienen) y con otros niños, para que él pueda entender que estos sentimientos son normales y también universales.

- Atender con especial interés a los pequeños éxitos que surjan en este momento, haciendo comentarios que le ayuden a recordar que se le sigue queriendo y valorando positivamente.

- Evitar que se den situaciones tentadoras. No dejarle a solas con su hermanito de modo que pudiera hacerle daño, ya que si tal cosa ocurriese, se sentiría muy culpable y rechazaría aún más al pequeño.

- Transmitir que se les quiere siempre y a pesar de los sentimientos negativos que pudieran tener.

- Ofrecerle situaciones que pongan de manifiesto las ventajas de ser mayor o de tener hermanos; por ejemplo: disfrutar de la compañía de sus padres en actividades que un lactante no puede realizar o en otras que no resultarían posibles en ausencia de sus hermanos.

- Favorecer mucho el contacto con niños de su edad.

- Pedir la colaboración del niño en aquellas tareas del cuidado de su hermano para las que sea capaz. Esto le ayudará a sentir que comparte esta experiencia con sus padres. Recordemos que se trata de ofrecérselo para que pueda decidir si quiere o no. Si lo viviera como un sometimiento a los deseos paternos, el efecto sería absolutamente opuesto a lo esperado.

- Decirle claramente que los hijos son responsabilidad de los padres que han querido que nacieran. Insistir en que, aunque él no pueda querer al bebé, sus papás sí le quieren porque también es su hijo.

- Decirle que sabemos que tiene celos pero que cuando crezca irán desapareciendo, y que le gustará tener hermanos con los que jugar y compartir otras cosas.
- No descartar la posibilidad de consultar con un especialista si no se aprecia una mejoría con el tiempo o si se considera que el sufrimiento del niño es demasiado intenso.

Actitudes que no ayudan:

- Ocultar el sentimiento amoroso de los padres hacia el recién nacido o hacia cualquiera de los otros hijos, y tener actitudes forzadas y poco naturales.
- Ser demasiado exigentes con el niño, responsabilizándole en exceso del cuidado de los pequeños o pidiéndole frecuentemente que ceda porque él es el mayor.
- Dramatizar el sentimiento celoso del niño dándole una mayor dimensión de la que en realidad tiene.
- Hacer comparaciones entre hijos que fomenten la competitividad entre ellos: *"Tu hermano ya ha terminado y tú mira cómo vas aún"*.
- Manifestar implícita o explícitamente preferencias por alguno de los niños.
- Intervenir prematuramente en las peleas entre ellos sin darles ocasión de que resuelvan su conflicto ellos solos.
- Ponerse rígidos o intolerantes ante las manifestaciones regresivas del niño. Es preferible jugar con él a cuando era pequeño (dándole a entender que esta situación es temporal) que empeñarse en recordarle que él ya no lleva chupete, no se hace pis... porque es mayor.
- Comentar con otros adultos las dificultades del crío, en

presencia de éste, aun en el caso en que se piense que está distraído y no se va a enterar.

- Regañarle con demasiada frecuencia o enfadarse con él excesivamente, ya que esto reforzaría la idea de que a causa de su rival ha perdido el cariño de sus padres.
- Hacer elogios muy efusivos cuando se muestra cariñoso con su hermana ya que con esto puede entender que no se espera de él ninguna muestra de rechazo. Esto supondría una gran responsabilidad.
- Hacerle prometer que se portará bien porque le será muy difícil cumplir esta promesa y se sentirá desalentado.

Y PARA TERMINAR...

En este libro se recogen ideas, opiniones y sugerencias que pueden serviros de ayuda para afrontar de la mejor manera un conflicto que forma parte de la esencia misma del ser humano: los celos; pero, como siempre y ante cualquier tema de intervención educativa, cada padre y cada madre tendrán que decidir en común su propia forma de hacer las cosas. Cada situación requiere una respuesta y cada niño, también.

Y ahora, como es habitual en los libros de esta colección para padres, terminaremos con una pequeña historia.

Los meses que siguieron a la llegada de su hermana Pablo estuvo bastante inquieto. Su estado de ánimo oscilaba continuamente entre una euforia completamente artificial y una tristeza latente que hacía que con frecuencia se le saltaran las lágrimas.

El mismo se sentía desconcertado porque no entendía bien lo que le estaba ocurriendo: "Oye, no sé qué me pasa, pero me están cayendo unos lagrimones" y esto aumentaba su malestar.

Lo que sí sabía era que las cosas habían cambiado mucho para él en su vida cotidiana y en la relación con papá y mamá, y esto ¡le daba una rabia! "Ellos han tenido la culpa", pensaba, "para qué han tenido que traer aquí a esa niña, ¡quiero que se la lleven!".

De repente, mirando a su hermana, se le ocurría preguntarse: "¿Y a mí? ¿Por qué a mí ya no me dejan llevar mi chupete y a ella sí? ¡Quiero mi chupete! ¡Yo también soy pequeño! ¡Mira como hablo igual que un bebé! Los bebes comen papilla. ¡Yo quiero mi papilla!"

Los fines de semana, que le encantaban para estar con sus padres, ya no eran tan divertidos. No se podía salir de casa a la hora que se quería porque ella tenía que comer o dormía. Bueno, sí, es verdad que cuando se despertaba lo pasaban bien porque ponía unas caras que a su padre y a él le daban mucha risa, pero... ¡sólo durante ese rato!

Encima su vecino Jaime, a quién él admiraba porque ya era muy mayor, y jugaba siempre con él, ahora tampoco le hacía ni caso porque estaba todo el tiempo pendiente de lo que hacía la niña. ¿Es que todo el mundo la iba a preferir a ella?

Empezaba a estar harto de quedar siempre en segundo lugar, cuando un sábado su papá le dice: "Ahora los hombres de esta casa nos vamos a ir a tomar un helado y dejamos a mamá cuidando de tu hermana, porque ella es muy pequeña y no puede venir."

Vaya, por fin ser más mayor tenía alguna ventaja.

Pablo sale de casa cogido de la mano de su papá mientras le va preguntando: "Y ¿verdad papá que la hermanita tampoco puede subir en el triciclo y jugar con los primos? Tampoco puede ¿a que no?" "Claro, no puede hacer casi nada, porque es muy pequeña".

Su padre le dice que así es y le cuenta cosas de cuando Pablo era bebé y de cómo a él también le cuidaban. Le habla de todas las cosas que fue aprendiendo y de lo que disfrutaban su madre y él viéndole. Pablo le escucha fascinado y le dice: "Claro, ahora ya soy mayor y sé muchas cosas pero soy un poco mayor y también un poco pequeño." "Es verdad" le contesta su padre, "y a mamá y a mí nos gustas cuando eres de las dos formas. Es muy bonito ver lo que hacen los niños muy pequeñitos, y también cómo van aprendiendo y creciendo. Tú fíjate en tu hermanita, ya verás qué de cosas pasan hasta que sea como tú.

Ahora Pablo tiene siete años y su hermana tiene tres. En todo este tiempo, efectivamente, han ido ocurriendo un montón de cosas, como le había dicho su papá. Pablo ha necesitado tener varias conversaciones como aquella y le ha llevado tiempo encontrarle la gracia a tener una hermana. Pero todo ese tiempo, esas conversaciones y el apoyo de su familia han contribuido a que él ahora pueda tener un sentimiento diferente. También el que su hermana desde el principio se haya deslumbrado por todo lo que él hacía y le haya tomado como modelo a imitar le ha proporcionado muchas satisfacciones personales.

Ahora que su hermana ha crecido ya puede divertirse haciendo cosas con ella aunque cuando vienen sus amigos, ella no puede participar porque no entiende los juegos de los mayores, y es mejor que se vaya a su cuarto o haga otra cosa para no molestarles.

Es cierto, el tiempo acaba poniendo las cosas en su sitio si uno es receptivo y puede aprender de su propia experiencia. En estos momentos la historia de Pablo ya dio el giro que hace que las posiciones de las personas de su familia queden definitivamente ubicadas. Aunque su hermana sea todavía pequeña para compartir con él algunas cosas, ¡ya está en su mismo bando! Y dentro de poco los dos estarán contentos de poder ser aliados porque los adultos, "hay tantas cosas que no entienden..."

BIBLIOGRAFÍA

- DOLTÓ, F. *¿Tiene el niño derecho a saberlo todo?* Editorial Paidós.
  ¿Niños agresivos o niños agredidos? Editorial Paidós.
  ¿Cómo educar a nuestros hijos? Editorial Paidós.

- LIBERMAN, A. *Los celos y el amor.* Editorial Temas de hoy.

- BLEICMAR, H. *El narcisismo. Estudio sobre la enunciación y la gramática inconsciente.* Editorial Nueva Visión.

- DELIBES, M. *El príncipe destronado.*

- BETTELHEIM, B. *Psicoanálisis de los cuentos de hadas.* Editorial Crítica.

- IFERGAN, H. y ETIENNE, R. *Guía para padres con hijos.* Editorial Síntesis

- ISSACS, S. *Conflictos entre padres e hijos.* Editorial Psique.

- BRAIER, E. *Gemelos: narcisismo y dobles.* Editorial Paidós (profunda).

- GENOVARD, GOTZENS Y MONTANE. *Problemas emocionales en el niño.* Editorial Herder.

- ALDECOA, J. (directora de la compilación). *La educación de vuestros hijos.* Editorial Temas de hoy.

- http://www.buenasalud.com

- http://www.combonianos.com

- http://www.elcomercioperu.com

- http://www.aepaq.org

- http://www.bbmundo.com

- htpp://www.babyespana.com

- http://www.mundogar.com

- http://www.e-educativa.com

- http://www.alemana.cl

- http://www.edufam.net

- http://www.geocities.com

- http://www.lalecheleague.org